BERND RÖMMELT

HURTIGRUTEN

DIE SCHÖNSTE SCHIFFSREISE DER WELT

BRUCKMANN

HURTIGRUTEN
N
0
100 km
Hurtigruten
BARENTSSEE
Nordkap
Kjøllefjord
Mehamn
Gamvik
Berlevåg
Honningsvåg
Hammerfest
Båtsfjord
Tana
Vardø
Vadsø
Skjerøy
Øksfjord
Lakselv
Tana
Kirkenes
Petčenga
(Petsamo)
Alta
Tromsø
Nordreisa
FINNMARK
Inari-
järvi
Karasjok
Altaelv
Skibotn
Haltiatunturi
1328
Inari
Kautokeino
Finnsnes
Risøyhamn
VESTERÅLEN
Ivalo
RUSSLAND
Sortland
Harstad
Stokmarknes
Narvik
Enontekiö
EUROPÄISCHES
NORDMEER
LOFOTEN
Svolvær
Abisko
Karesuando
Stamsund
Vestfjorden
2123
Kebnekaise
Kiruna
Muonio
Torneälven
LAPPLAND
Polarkreis
Stora
Lulevatten
Kolari
Sodankylä
Bodø
2089
Sarek-
tjåkka
Fauske
Gällivare
Kemijärvi
Porjus
Pello
Ørnes
Rovaniemi
Jokkmokk
Mo i Rana
Övertorneå
Kuusamo
Nesna
Hornavan
Luleälven
Piteälven
Sandnessjøen
1764
Norra
Storfjället
Töre
Kemi
Kemijoki
Taivalkoski
Mosjøen
Storavan
Boden
Tornio
(Torneå)
Luleå
Iijoki
Skellefteälven
HELGE-
LAND
Piteå
Oulu
(Uleåborg)
Vindelälven
Brønnøysund
Storuman
Bottnischer Meerbusen
Liminka
Skellefteå
SCHWEDEN
Lycksele
Kontiomäki
Grong
FINNLAND
NORRLAND
Trondheims-
fjorden
Steinkjer
Umeå
Nurmes
Levanger
Suomenselkä
Rørvik
Iisalmi
Kristiansund
Trondheim
Storlien
Pietarsaari
(Jakobstad)
Kuopio
Örnsköldsvik
Molde
Støren
Sylarna
1762
Storsjön
Östersund
Ålesund
Åndalsnes
Vaasa
(Vasa)
Kramfors
Torvik
Dovrefjell
2286
Äänekoski
Bräcke
Måløy
Geiranger
Dombås
Rondane
2183
Härnösand
Jyväskylä
Florø
Jostedalsbreen
Lågen
Sundsvall
Kaskinen
(Kaskö)
Parkano
Gudbrandsdal
Østerdal
2469
Galdhøpiggen
Jotunheimen
Ljusnan
Jämsä
Mikkeli
Tampere
(Tammerfors)
Päijänne
Österdalälven
Pori
(Björneborg)
Salpausselkä
Sognefjorden
Imatra
Fagernes
Lillehammer
Kouvola
Rauma
Bergen
Geilo
Siljan
Hämeenlinna
Hamar
Lahti
Vyborg
Hardangerfjorden
Hardanger-
vidda
Mjøs
Trysilelve
Gävle
Riihimäki
Odda
Eidsvoll
Falun
ÅLAND
Kotka
Dalälven
Oslo
Turku
(Åbo)
Helsinki
(Helsingfors)
1883
Gausta
Drammen
Ludvika
Haugesund
SVEALAND
Uppsala
Finnischer Meerbusen
1605
Snonut
Kongsberg
Narva
Tønsberg
Västerås
Sigtuna
Stavanger
Moss
Karlstad
Mälaren
Tallinn
(Reval)
TELEMARK
Stockholm
Karlskoga
Porsgrunn
Örebro
Eskilstuna
Vänern
Egersund
Oslofjorden
Mariestad
ESTLAND
Flekkefjord
Nyköping
Uddevalla
Vättern
Norrköping
Skagerrak
Kristiansand
Göta-Kanal
Tartu
(Dorpat)
Linköping
Göte-
borg
Skagen
Løkken
Västervik
GOTLAND
LETTLAND
GÖTALAND

HURTIGRUTEN

Mit dem Postschiff von Bergen nach Kirkenes

Der Ruf der »Hurtigruten« ist heute fast schon legendär. Als ich Freunden von meinem Vorhaben erzählte, die norwegische Küste mit dem Postschiff abzufahren, reichten die Reaktionen von »Wahnsinn«, »ein Traum« bis hin zu »da will ich auch mit«. Die Vorstellung, 2500 Seemeilen an der norwegischen Küste entlangzuschippern, löst heute mehr denn je Begeisterungsstürme aus. Fragt man dann nach, was sich die so Begeisterten konkret unter den Hurtigruten vorstellen, erhält man eine Vielzahl unterschiedlichster Antworten wie »auf einem Frachtschiff durch das Nordpolarmeer fahren«, »eine Kreuzfahrt entlang der norwegischen Küste«, »eine Art Expedition in den Norden unternehmen« ...

Das Hurtigruten-Schiff gleitet durch den Vestfjord, bald läuft es im Hafen von Stamsund auf den Lofoten ein.

Die modernen Hurtigruten haben von allem etwas – nur der Expeditionscharakter hält sich heute eindeutig in Grenzen. Die Hurtigruten sind eine Expresslinie zwischen Bergen, der alten Hansestadt im Süden, und Kirkenes, einem entlegenen Ort an der Barentssee im Norden, nahe der norwegisch-russischen Grenze. Bis vor wenigen Jahrzehnten stand der Transport von Fracht und Passagieren als wichtigste Aufgabe der Flotte im Vordergrund. Die Schiffe galten als die Lebensader Norwegens. Besonders der abgelegene und wirtschaftlich schwache hohe Norden des Landes profitierte von der Verbindung. Orte, die nicht oder nur sehr schwer über den Landweg erreichbar waren, erhielten durch die Schifffahrtslinie eine wichtige Verkehrsanbindung. Der stete Ausbau des Straßennetzes sowie die steigende Bedeutung der Luftfahrt drängte die Expresslinie als Transportmittel für Fracht und Mensch in den Hintergrund. Erst der zunehmende Tourismus brachte die Wende. So zählt man heute mehr als eine halbe Million Fahrgäste im Jahr, die meisten von ihnen sind Touristen. Es verkehren 11 hoch moderne Schiffe zwischen Bergen und Kirkenes, die sich in ihrer Ausstattung hinter den großen Kreuzfahrtschiffen nicht zu verstecken brauchen. Die Fähren der Hurtigruten schaffen diese enorme Strecke von Bergen nach Kirkenes und wieder zurück in lediglich 12 Tagen. Jeden Tag verlässt ein Schiff der Flotte den Hafen in Bergen. 34 Häfen

Sonnenuntergang über Bergen: Hier beginnt die Reise ... (unten)

Ein Fischerboot kehrt in den Hafen von Ålesund zurück. (rechte Seite)

werden auf der Fahrt angelaufen. Gefahren wird Tag und Nacht, im Sommer wie im Winter, bei jedem Wetter. Beinahe jeder Hafen wird sowohl auf der nach Norden führenden Route nach Kirkenes als auch auf der Rückreise nach Bergen angelaufen. Lediglich in Vadsø ganz im Norden wird nur auf der nordgehenden Tour ein Stopp eingelegt.

Auch der Geirangerfjord wird nur im Sommer von den nordgehenden Schiffen angefahren. Ursprünglich hatte der traumhaft schöne Fjord überhaupt nicht auf dem Fahrplan der Hurtigruten gestanden, aber aus touristischen Gründen hat man ihn mit ins Programm aufgenommen. Obwohl auch nachts gefahren wird, müssen die Passagiere auf keinen Anlegehafen der Hurtigruten verzichten, sie bekommen alle Häfen zu Gesicht, denn dort, wo auf der Hinfahrt nachts festgemacht wurde, läuft man auf der Südstrecke tagsüber ein.

DIE SCHÖNSTE SEEREISE DER WELT

Die Hurtigruten werben mit dem Slogan, »die schönste Seereise der Welt« zu sein und die Werbetexter sollen Recht behalten. Es gibt weltweit wohl nur wenige Routen, die mit einer solch spektakulären Landschaft wie der Küste Norwegens aufwarten können. Schroffe, unwirtliche Felswände wechseln sich mit sanften Hügeln ab, auf steil in das Meer herabfallende, mächtige Gebirgsketten folgen liebliche grüne Täler, zerklüftete Felseninseln werden von reizvollen Schären abgelöst. Tiefe Fjorde führen Kilometer weit ins Landesinnere, vorbei an tosenden Wasserfällen und einsamen Gehöften. Kleine, romantische Fischerdörfer wechseln sich mit charmanten Metropolen wie Trondheim oder Ålesund ab. Im Winter, wenn die Küste von einer dicken Schneeschicht überzogen ist, und das erste Licht die Berge in ein tiefes Orange und Rot taucht, dann fühlt man sich in eine Zauberwelt versetzt. In klaren Nächten tanzen die Polarlichter am Himmel. Überschreitet man im Frühsommer den Polarkreis, dann erlebt man von Deck aus das Farbenspiel der Mitternachtssonne. Die Fahrgäste können die Hurtigruten-Schiffe in jedem Anlegehafen verlassen, einen Teil der Strecke mit dem eigenen Auto zurücklegen und irgendwann am nächsten oder übernächsten Hafen wieder zusteigen oder auf ein anderes Schiff der Linie warten. Wem aber haben wir diese Traumroute zu verdanken? Hier lohnt ein kleiner Abstecher in die Vergangenheit.

DIE GESCHICHTE DER HURTIGRUTEN

Ende des 19. Jahrhunderts wurde der Ruf nach einer Expresslinie zwischen Trondheim und der abgelegenen Finnmark laut. Der norwegische Staat setzte sich zum Ziel, eine Schifffahrtslinie zu etablieren, die einmal wöchentlich in jede Richtung verkehrte. Im Sommer sollte die Route bis Hammerfest führen und im Winter bereits in Tromsø enden. Hauptzweck der Route sollte die Beförderung von Post und Passagieren sein. Zwar gab es bereits mehrere Liniendienste, die diese Strecke im Sommer bedienten, sie waren aber alle zu langsam. Und bei Nebel wurde ebenso wenig gefahren wie bei Nacht, darüberhinaus war der Linienverkehr im Winter geschlossen.

Von der Maschinenleistung her war die gewünschte Fahrtzeit Ende des 19. Jahrhunderts kein Problem mehr. Schwierigkeiten machte vor allem das Navigieren in den unberechenbaren Küstengewässern. Insbesondere das Fahren bei Nacht und bei schlechtem Wetter waren ein zu hohes Risiko. Hier nun schlug die Stunde von Richard With, dem Begründer der Hurtigruten. With war Kaufmann auf den Vesterålen-Inseln und

schon seit langem unzufrieden mit der unzureichenden und langsamen Verkehrsanbindung der Inselgruppe an die Handelsstädte Trondheim und Bergen. Schon seit 1882 setzte er sein eigenes Dampfschiff Vesteraalen alle 14 Tage auf einer Route von der Insel Senja über die Vesterålen Inseln bis nach Bergen ein. Der Lotse Andreas Holte, der auf der Vesteraalen seinen Dienst verrichtete, begann damit, die Strecke präzise zu studieren und Aufzeichnungen anzufertigen. Wo kam man wann am schnellsten voran, welche Passage durch die Inselwelt der norwegischen Küste brachte den größten Zeitvorteil, welche Gewässer mussten unbedingt gemieden werden, waren die Fragen, die man sich stellte. Holte und With konnten den Kurs des Schiffes derart optimieren, dass nächtlichen Fahrten nun nichts mehr im Wege stand. Auf die nun folgende Ausschreibung durch den norwegischen Staat im Jahre 1892 bewarb sich lediglich die Vesteraalens Dampskibsselskab, die Reederei Withs. With bot dem Innenministerium an, die Strecke von Trondheim nach Svolvær auf den Lofoten in nur 34 Stunden zurückzulegen. Nach anfänglicher Skepsis erhielt With den Zuschlag. Am Sonntag, dem 2. Juli 1893 legte die Vesteraalen morgens um acht Uhr in Trondheim ab und erreichte Ham-

Im Juni sind die Gipfel der Lofotenwand noch Schnee bedeckt. (oben)

Im Mai wird es auch in Südnorwegen nachts nicht wirklich dunkel, die Dämmerung dauert mehrere Stunden, dann geht wieder die Sonne auf. (rechte Seite)

merfest am Mittwoch, dem 5. Juli um 3.30 Uhr morgens – sogar eine halbe Stunde früher als geplant. Die kurze Fahrzeit kann als Revolution in der norwegischen Küstenschifffahrt angesehen werden. Dank der Aufzeichnungen von Anders Holte war den Nachtfahrten der Schrecken genommen. Auch Fahrten im Nebel und im Winter waren nun möglich – das Zeitalter der Hurtigruten hatte begonnen.

1894 erhielten die beiden großen Reedereien Bergenske und Nordenfjeldske gemeinsam einen zweiten Hurtigruten-Vertrag vom norwegischen Staat, so dass nun zweimal wöchentlich ein Hurtigruten-Schiff von Trondheim nach Norden aufbrach. 1898 wurde eine dritte Hurtigruten-Strecke eingerichtet, die von Bergen aus in den Norden nach Hammerfest führte.

Eine weitere Strecke wurde alsbald zwischen Hammerfest und Vadsø etabliert. Ende des 19. Jahrhunderts splitteten sich die Hurtigruten in drei Strecken auf. Eine Strecke führte von Trondheim nach Hammerfest, die andere von Bergen nach Hammerfest und die dritte von Hammerfest nach Vadsø. 1907 wurde der vierte Hurtigruten-Vertrag vergeben, er galt für die Route Bergen–Vadsø, die Strecke von Hammerfest nach Vadsø wurde im Gegenzug eingestellt. Am 1. Oktober 1908 wurde die Streckenführung dann bis nach Kirkenes verlängert.

Am 23. Juni 1922 wurde die Rinne zwischen den Vesterålen Inseln Sortland und Risøyhamn fertig gestellt. Seitdem fahren die Hurtigruten-Schiffe durch die Risøyrenna – der Streckenverlauf, der bis heute seine Gültigkeit hat.

DIE MODERNEN HURTIGRUTEN

Der Liniendienst der Hurtigruten gewann zunehmend an Bedeutung und wurde zur wichtigsten Verkehrsverbindung in den Norden. 1914 begannen alle Hurtigruten-Schiffe, inzwischen waren es fünf, ihre Fahrt in Bergen. Die Hurtigruten überstanden den Ersten Weltkrieg und die folgende Weltwirtschaftskrise. Am 1. Juli 1936 wurden zum ersten Mal in der Geschichte der Expresslinie tägliche Abfahrten ab Bergen festgelegt. Die Flotte musste dafür auf 14 Schiffe aufgestockt werden. Sechs Reedereien stellten die Schiffe und schon 1938 zählten die Hurtigruten 300 000 Passagiere. Der Zweite Weltkrieg brachte die Katastrophe. Bis auf drei wurden alle Schiffe zerstört. Die Hurtigruten waren scheinbar am Ende. Doch wie so oft erwuchs aus der Katastrophe die Möglichkeit eines Neuanfangs. Neue, moderne Schiffe mussten her, die in Italien und Dänemark bestellt wurden. Der »Erling Jarl« folgten die »Midnatsol«, die »Vesterålen« und die »Sanct Svithun« und so konnte 1950 wieder eine tägliche Verbindung zwischen Trondheim und Kirkenes aufgenommen werden. Bis 1956 kamen weitere Schiffe hinzu: die »Polarlys«, die »Nordlys«, die »Hakon Jarl«, die »Finnmarken«, die »Nordstjernen« und die »Ragnvald Jarl«. Endlich bedienten zehn fast baugleiche, moderne Schiffe die Hurtigruten. 1962 stieg die Passgierzahl auf 570 000 Reisende – goldene Zeiten für die Postdampfer.

Aber auch die Hurtigruten blieben nicht von Unglücken verschont. 1958 brach auf der »Erling Jarl« ein Brand aus. 14 Passagiere starben an Rauchvergiftung. Der letzte große Unfall geschah am 21. Oktober 1962, als die »Sanct Svithun« vom Kurs abkam und um 21.55 Uhr auf einen Felsen auflief. Eine Stunde später sank das Schiff,

Vom Berg Aksla hat man den schönsten Blick auf Ålesund, der »Stadt des Jugenstils«. (linke Seite)
Die »Trollfjord« bahnt sich ihren Weg durch den spektakulären Raftsund. (oben)
Auch im Winter lässt es sich an Deck aushalten. (unten)

42 Menschen kamen dabei ums Leben. Menschliches Versagen und nicht eindeutig zu definierende Leuchtfeuer an der Küste wurden als Ursache ausgemacht. Seitdem ist nie wieder ein Schiff auf den Namen »Sanct Svithun« getauft worden.

Inzwischen sind die Zeiten von Leuchtfeuer und Kompass längst vorbei. Satellitengesteuerte Positionsbestimmung und elektronische Seekarten heißen heute die Schlagworte. Auch Lotsen sind inzwischen nicht mehr nötig. Zwischen 1960 und 1964 wurden weitere vier Schiffe ausgeliefert: Die »Harald Jarl«, die »Lofoten«, die »Nordnorge« und die »Kong Olav«. Erst 20 Jahre später sollte diese Generation von Hurtigruten-Schiffen abgelöst werden.

In den Sechziger- und Siebzigerjahren schlitterte die Expresslinie in eine ernste Krise. Die Passagierzahlen sanken kontinuierlich. Waren es 1973 noch 500 000 Passagiere, so nutzten 1982 weniger als 300 000 Reisende die Schiffe der Hurtigruten. Der norwegische Staat investierte in dieser Zeit hohe Summen in den Ausbau von Straßen. Brücken wurden über Fjorde gebaut, kleine Autofähren nahmen den Betrieb auf und der Flugverkehr nahm rapide zu.

Die Reedereien sahen bereits in den Achtzigerjahren das Wachstumspotential des Tourismus und wünschten sich neue Schiffe mit größerer Passagierkapazität. Nach harten Diskussionen mit dem norwegischen Staat, der die Hurtigruten immer noch stark subventionierte, setzten sich die Reedereien durch und bestellten drei neue Schiffe: Die »Midnatsol«, die »Vesterålen« und die »Narvik«. Alle drei Boote, die zwischen 1982 und 1983 ihre Fahrt aufnahmen, verfügten nun über eine seitliche Ladeluke, die es ermöglichte, einen Wagen über eine Rampe und einen Aufzug zu verladen. Bis dahin wurden Fahrzeuge mit einem Kran auf das Schiff gehievt. Die Liegezeit der Schiffe in Bergen wurde von eineinhalb Tagen auf acht Stunden gekürzt, so dass die Kapazität der Flotte auf elf Schiffe reduziert werden konnte. Die Passagierzahlen stiegen in der Folge wieder an, und so musste bereits nach fünf Jahren die »Midnatsol« umgebaut werden. Der Umbau der »Vesterålen« und der der »Narvik« folgte bald darauf, damit war die Neuorganisation der Flotte aber noch nicht abgeschlossen. Die Reedereien wünschten sich Schiffe, die sich eher an den Standards moderner Kreuzfahrtschiffe orientieren sollten. Und so wurde nach und nach fast die gesamte Flotte ersetzt und den neuen touristischen Anforderungen angepasst. 1993 stach die »Kong Harald« in See, das erste Schiff der völlig neuen Baureihe. Im selben Jahr wurde die »Richard With« erstmals eingesetzt. 1994 war die »Nordlys« fertig. 1996 liefen die »Polarlys« und die »Nordkap« und 1997 die »Nordnorge« vom Stapel. 2002 wurde die Flotte um die »Trollfjord« und die »Finnmarken« ergänzt und 2003 kam letztendlich die »Midnatsol« hinzu. Ausgestattet mit großen Panoramadecks und feinster Innenausstattung haben diese neuen Schiffe nur noch recht wenig mit den alten Dampfschiffen der Hurtigruten zu tun. Im Inneren gleichen diese Schiffe der neuesten Generation eher modernen Kreuzfahrtschiffen. Lediglich die »Vesterålen« und die »Narvik«, beides Schiffe aus den Achtzigerjahren, erinnern noch ein wenig an Postschiffe. Wer den Charme früherer Generationen noch leibhaftig erleben will, dem sei im Winter eine Fahrt mit der »guten, alten Lofoten« empfohlen. Sie dient in der kalten Jahreszeit als Ablöser der »Nordnorge«, die dann durch die Antarktis kreuzt. Die Zahl der Passagiere stieg von knapp 300 000 im Jahr 1992 wieder auf 500 000 Gäste jährlich – Tendenz steigend. Die wachsenden Passagierzahlen ermöglichten es dem norwegischen Staat, die Subventionen zu kürzen. So wird heute nur noch der Liniendienst im Winter unterstützt. Trotz des radikalen Wandels im Erscheinungsbild der Hurtigruten hat die Fahrt auf der legendären Expresslinie nichts von ihrem Reiz verloren. Und so kann man auch heute noch beobachten, wie im kleinen Ort Finnsnes nördlich des Polarkreises der Postsack auf seinen Transport wartet – der Mythos lebt weiter!

Blick über den Långøysund auf die Insel Hadseløya, die zu den Vesterålen Inseln gehört. (linke Seite)
Die Lofotenwand zieht sich über mehr als 100 km von Nord nach Süd. (unten)

Das kleine Fischerdorf Å auf den Lofoten.

33MS

Die Farbenspiele der tief stehenden Mitternachtssonne sind atemberaubend – wie hier am Toppsund auf den Vesterålen Inseln.

Durch den Toppsund auf den Vesterålen Inseln.

Zwei Fischerboote im Hafen von Ålesund. (links oben)

Im kleinen Fischerdörfchen Tind auf den Lofoten hängt der Stockfisch bis Juni auf großen Holzgerüsten. (rechts oben)

Wer an Norwegens Küste mit den Auto unterwegs ist, der muss immer wieder auf die kleinen Autofähren umsteigen, um die vielen kleinen und großen Fjorde zu überwinden. (links)

Die norwegische Flagge flattert dem Sonnenuntergang entgegen. Ein weiterer »Traumtag« auf den Hurtigruten geht zu Ende. (rechte Seite)

POST

DURCH FJORDLAND

Von Bergen nach Molde

Start- und Endpunkt der Hurtigruten ist die Stadt Bergen. Jeden Abend legt hier ein Schiff der Hurtigruten-Flotte ab, um zwölf Tage später wieder den Ausgangshafen zu erreichen. Im Winter starten die Schiffe um 22.30 Uhr, im Sommer legen sie schon um 20 Uhr ab, um Zeit für den Geirangerfjord zu gewinnen. Im Folgenden soll die gesamte Hurtigrutenstrecke in vier Streckenabschnitte aufgeteilt werden, wobei ich mich an der nach Norden verlaufenden Route orientieren werde. Ich werde bei den Beschreibungen auch gleich auf diejenigen Orte und Streckenabschnitte eingehen, die auf der Nord-Route nachts angefahren und passiert werden, aber eigentlich erst auf der Strecke nach Süden zu sehen sind.

Abenddämmerung über Bergen, der »schönsten Stadt Norwegens«.

BERGEN, »DIE SCHÖNSTE STADT DER WELT«

Wer seine Reise in Bergen antritt oder auch beendet, der sollte unbedingt ein paar Tage für die Stadt einplanen. Auf meinen unzähligen Reisen durch Skandinavien ist mir bis jetzt keine schönere Stadt begegnet. Allein die Lage an der inneren Bucht des Byfjordes, umgeben von sieben Fjellhöhen, ist phantastisch. Die Stadt und ihre Bewohner bilden ein eigenes kleines Reich für sich. Grund dafür ist die Jahrhunderte währende Abgeschiedenheit der Stadt. Früher war es leichter, auf dem Seeweg von Bergen nach Großbritannien zu gelangen, als nach Oslo zu reisen. Erst als die Bahn aus Oslo Bergen erreichte, änderte sich das ein wenig.

Bergen wurde im Jahre 1070 von König Olav Kyrre gegründet. In dieser Zeit war Trondheim (damals Nidaros) die Haupstadt Norwegens. 1217 zog es jedoch König Håkon Håkonsson nach Bergen, und er erklärte die Stadt zur »Hauptstadt des norwegischen Reichs«. Der Titel musste zwar bereits 1299 an Oslo abgeben werden, doch dauerte es noch mehr als 500 Jahre, bevor Bergen auch von der Einwohnerzahl her von Oslo überflügelt wurde. Bergen war nun nicht mehr Hauptstadt, doch wuchs die Stadt zur wichtigsten und größten Handelsmetropole Skandinaviens heran. 1350 gründete man die erste Hanse-Niederlassung. Bergen war jedoch keine reine Hansestadt wie zum Beispiel Lübeck oder Rostock. Es gab hier zwar ein deutsches Kontor der Hanse, das hanseatische Recht galt aber lediglich im Hanseviertel am Hafen, in den umliegenden Vierteln wurde norwegisches Recht angewandt. 200 Jahre dauerte die Vorherrschaft der hanseatischen Kaufleute. Heute kann man das Erbe aus dieser Zeit im alten Han-

Ein Boot kehrt in den Hafen von Bergen zurück. (oben)

Die alten Speicherhäuser im Hanseviertel Bryggen gehören heute zu den größten Attraktionen Bergens. (unten)

seviertel Bryggen bewundern. Die alten Holzhäuser gelten als die Attraktion Bergens. Großfeuer haben die Häuser immer wieder zerstört. Das, was heute noch zu sehen ist, stammt in seinen ältesten Teilen aus dem Jahre 1702. Den letzten großen Brand 1955 überstanden nur sechs Häuser. Das Viertel mit seinen rund 60 Häusern gehört heute zum Weltkulturerbe der UNESCO.

Auch nach der Blütezeit der Hanse blieb der Hafen der Stadt der wirtschaftlich wichtigste der gesamten norwegischen Küste. Handel und Seefahrt blühten und gaben der Stadt eine kosmopolitische Prägung, die sich bis in die Gegenwart erhalten hat. Heute leben 230 000 Menschen in der Stadt, die von den Einheimischen als »die schönste Stadt der Welt« bezeichnet wird. Industriebetriebe, Banken, Verwaltung und Dienstleistungsunternehmen haben sich hier niedergelassen. Auch profitiert die Stadt von der Ölförderung in der Nordsee. Durch einen neu errichteten Helikopterflugplatz wurde die Versorgung auf den Ölplattformen sichergestellt und in der Stadt zusätzliche Arbeitsplätze geschaffen.

Wer sich von der Stadt ein Bild machen will, aber nicht viel Zeit hat, dem sei eine Fahrt auf den Aussichtsberg Fløyen empfohlen. Aus 320 Meter Höhe ergibt sich ein traumhafter Blick auf die Stadt und die umliegenden Fjorde. Die Talstation befindet sich nur etwa 150 Meter vom zentralen Marktplatz Torget entfernt. Noch schöner ist der Blick allerdings vom Berg Ulriken auf der anderen Seite der Stadt. Alle sieben Minuten schwebt eine Seilbahn auf den Gipfel. Zur Talstation führt ein Stadtbus oder im Sommer ein Doppeldeckerbus vom Touristenbüro im Stadtzentrum.

Seit 1898 starten in Bergen die Hurtigruten-Schiffe gen Norden. Für die pulsierende Handelsstadt war vor allem der Frachtbereich von Bedeutung. Fertigwaren wurden in den Norden geliefert und Rohwaren, insbesondere Fisch, von dort angelandet. Dass es sich bei den Schiffen der Hurtig-

»Der Abenddämmerung entgegen«.

ruten ursprünglich um eine Fracht- und Passagierlinie handelte, konnte man in Bergen bis vor kurzem bereits an der Anlegestelle erkennen. Die Schiffe der Expresslinie hielten im Handelshafen und nicht im Stadtzentrum, wo die Kreuzfahrtschiffe anlegen.

Seit 2005 starten und landen die Hurtiguten-Schiffe aus touristischen Gründen jedoch im Stadtkern am neuen Terminal auf der Jektevik Pier in unmittelbarer Nähe des historischen Zentrums »Bryggen«. Gleich um die Ecke am Hafen findet täglich außer Sonntag ein Fischmarkt statt. Touristen der großen Kreuzfahrtschiffe sind hier die wichtigsten Kunden. Um den Marktplatz herum gibt es viele nette Straßencafés und außerordentlich gute Restaurants.

Im Jahr 2000 wurde Bergen zur Kulturhauptstadt Europas ernannt. Beigetragen haben dazu sicherlich auch die vielen Kunstsammlungen, die sich entlang des Stadtsees Lille Lungegårdsvann aneinander reihen. Die Bergens Billedgalleri mit 6000 Gemälden und Skulpturen aus dem 13. Jahrhundert bis zur Gegenwart ist hier ebenso zu finden, wie die Rasmus Meyers Samling, eine der größten Sammlungen norwegischer Kunst aus der Zeit vom 18. Jahrhundert bis zum Jahr 1915.

Ein kleines Stück vom Zentrum entfernt erstreckt sich direkt am Meer das interessante Freilichtmuseum Gamle Bergen. Dabei handelt es sich um eine kleine Stadt mit mehr als 40 charakteristischen Holzhäusern aus dem 18. bis 20. Jahrhundert.

Es wird langsam Nacht in Bergen, die letzten Fischkutter kehren heim. Der Hafen von Bergen ist bis heute einer der wirtschaftliuch wichtigsten in ganz Norwegen. (oben)

Die »Narvik« liegt im Hafen von Torvik. (unten)

Das Hurtigruten-Schiff passiert das wegen seiner modernen Architektur in ganz Norwegen bekannte Rica Seilet Hotel bevor es in den Hafen von Molde einläuft. (rechte Seite)

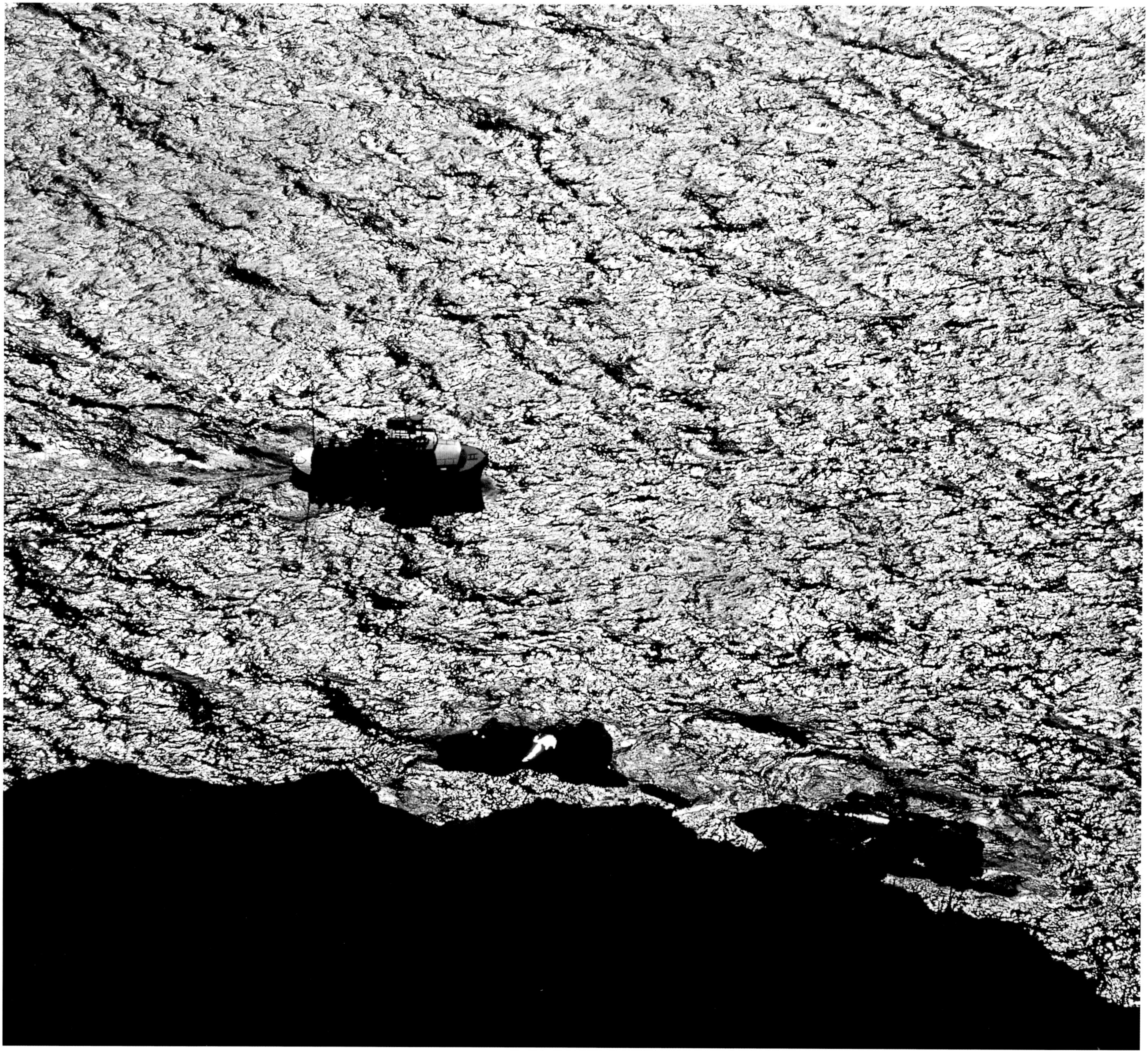

DIE REISE KANN BEGINNEN

Nur schwer kann man sich von der Stadt trennen, am ehesten vielleicht, wenn es wieder einmal regnet. Bis zu 2000 Millimeter Niederschlag fallen hier im Schatten der Berge und machen Bergen zur Regenhauptstadt des Landes. Um 20 Uhr (im Winter um 22.30 Uhr) ist es dann so weit. Das Hurtigruten-Schiff legt vom Kai ab und macht sich langsam auf den Weg Richtung Norden. Zwölf Tage und 2500 Seemeilen später wird das Schiff wieder im Hafen anlegen.

Zu Beginn der Strecke passiert das Schiff die 1058 m lange Askøy Brücke und fährt entlang der Insel Askøy nach Norden. Östlich davon schützt die Inselgruppe Øygarden, mit ihren unzähligen Schären die Küste des Festlandes vor der Wucht des Meeres. Der Leuchtturm Hellesøy fyr markiert das Hauptfahrwasser durch die schmale Fahrstraße. Bald erreicht das Schiff den Eingang zum Sognefjord. Der Sognefjord zieht sich insgesamt 204 Kilometer ins Landesinnere und ist somit der längste Fjord Norwegens. Die tiefste Stelle liegt bei 1308 Metern. Der Sognefjord wird oft als schönster Fjord Norwegens bezeichnet. Dies ist natürlich Geschmacksache, die vielen kleinen, unberührten Fjorde an denen die Hurtigruten vorbeiführen, sind meiner Meinung nach oft von sehr viel größerem Reiz. In den Sognefjord ist kein Abstecher der Hurtigruten vorgesehen. Wer also den Fjord dennoch erkunden will, der sollte die Strecke von Bergen nach Florø mit dem eigenen Pkw zurücklegen und später zusteigen.

An der Mündung des Sognefjordes beginnt Richtung Norden der Steinsund, eine gefährliche Engstelle der Reise, die sowohl bei der Hin- als auch bei Rückfahrt gemeistert werden muss. Dann ist Florø erreicht. Die Passagiere der nach Norden gehenden Route werden das kleine Städtchen wahrscheinlich verschlafen. Auf der Fahrt nach Süden wiederum wird die Stadt tagsüber angelaufen. 10 000 Einwohner lebten hier bis vor gar nicht allzu langer Zeit vom Fischfang. Insbesondere die Heringsfischerei blühte. Heute setzt man auf Fischzucht und Fischfutterproduktion. Ihr Wachstum verdankt die Stadt aber in erster Linie der Erdgas- und Erdölexploration. In unmittelbarer Nähe zur Stadt befindet sich nämlich das größte Offshore-Feld Norwegens. Florø dient dabei als Versorgungsbasis.

AUF LANDWEGEN ZUM SPEKTAKULÄREN GEIRANGERFJORD

Wer mit dem eigenen Auto unterwegs ist, der sollte von Florø einen Abstecher ins Landesinnere wagen. In östlicher Richtung gelangt man nach gut 30 Kilometern zur Abzweigung auf die 615. Jetzt beginnt eine wahre Traumstraße. Oft nur einspurig befahrbar, führt diese kurvenreiche Straße entlang hoch aufragender Küstenberge, vorbei an kristallklaren Bergseen und tosenden Wasserfällen bis an den sich tief in das Land einschneidenden Gloppenfjord. Von der Straße aus

Ein Fischkutter vor den Klippen der Vogelinsel Runde. (linke Seite)

Viele Norweger leben auch heute noch vom Fischfang: Fischer auf dem Fischmarkt in Bergen. (links)
Die Fischer in Ålesund verkaufen ihre Ware gleich »ab Boot«. (Mitte und rechts)

ergeben sich immer wieder wunderschöne Blicke auf den tiefblauen Fjord. Nach 70 Kilometern ist der Ort Sandane erreicht. Weiter geht es auf der E 39 40 Kilometer bis zur Abzweigung auf die E 60, die sich nach ein paar Kilometern am Innvikfjord entlangschlängelt. Am Ende des mächtigen Fjordes beim Ort Stryn zweigt die 15 nach Osten ab und führt in eine wildromantische Hochgebirgslandschaft, die zum Rasten, Wandern und Genießen einlädt. Nach 50 Kilometern zweigt die 63 nach Norden ab und führt direkt zum bekanntesten Fjord Norwegens – dem Geirangerfjord. Der Fjord wird in den Sommermonaten auch von den Hurtigruten-Schiffen von Ålesund aus angefahren – dazu aber später mehr. Leider ist es nicht möglich, im Ort Geiranger wieder auf das Hurtigruten-Schiff zuzusteigen, da die Schiffe nicht im Ort anlegen können. Es steht einfach kein Kai mit genügend Tiefgang zur Verfügung. Von Geiranger aus besteht nun die Möglichkeit, auf der E 63 und später der E 60 nach Ålesund weiterzufahren – eine Traumstraße durch wilde Hochgebirgslandschaft. Wer keinen der Anlegehäfen der Hurtigruten verpassen will, der soll die nicht minder schöne Strecke nach Måløy fahren. Beim oben bereits erwähnten Ort Stryn zweigt die E 15 nach Måløy ab. Die Straße führt am Nordrand des malerischen Gloppenfjords entlang, der dann in den Nordfjord übergeht, einem wilden Fjord mit steil in das Meer abfallenden, zerklüfteten Bergen. Am Ende der Straße ist Måløy erreicht – der dritte Anlegehafen der Hurtigruten.

Måløy mit seinen 2500 Einwohnern ist einer der größten Fischereihäfen Norwegens. Hier werden jährlich 180 000 bis 200 000 Tonnen Fisch an Land gezogen. Für den Besucher ist die 1224 Meter lange und 42 Meter hohe Måløybrücke, die den Ort auf der Insel Vågsøy mit dem Festland verbindet, die wohl größte Attraktion des Ortes. Ein besonderes Erlebnis ist es, von der Brücke die Einfahrt eines Hurtigruten-Schiffes mitzuerleben. Hier sind Frühaufsteher gefragt, da sowohl die nach Norden als auch die nach Süden fahrenden Schiffe den Hafen am frühen Morgen anlaufen.

ZURÜCK AN BORD

Wieder an Bord der Hurtigruten stampft das Schiff nach Norden mit Kurs auf Stadlandet. Hier endet die Nordsee und geht unmerklich ins europäische Nordmeer über. Eine nicht ungefährliche Strecke auf offener See, die vielen Schiffen in der Vergangenheit zum Verhängnis geworden ist. Der Schärenarchipel von Flåvær liegt wieder in sicheren Gewässern. Kurz vor Torvik passiert das Schiff die mächtige Herøybrücke und läuft kurz danach in Torvik ein. Torvik ist die Anlegestelle für die 8500 Bewohner der Insel Hærøy. Beim Anblick der paar Häuschen am Hafen wundert man sich mal wieder, wo die mächtigen Hurtigruten-Schiffe so überall Halt machen. Doch gerade diese kleinen, abgelegenen Orte waren der Grund, warum die Hurtigruten überhaupt ins Leben gerufen wurden. Die Schiffe sollten die kleinen Orte mit der Außenwelt verbinden und wirtschaftliches Wachstum bringen. Für den Reisenden lohnt es sich, hier das Hurtigruten-Schiff wieder einmal zu verlassen und mit dem Auto einen Ausflug zu der nur wenige Kilometer entfernten Vogelinsel Runde zu unternehmen.

EXKURS: EIN TAG AUF DER VOGELINSEL RUNDE

Wer sich schon einmal in den Gewässern um Runde aufhält, der sollte die südlichste der norwegischen Vogelinseln auf keinen Fall versäumen. Von Torvik aus führt eine kleine Straße auf die Insel, die seit 1982 durch eine Brücke mit dem Festland verbunden ist. Zwischen Mai und August bietet sich hier die einzigartige Gelegenheit, mehr als 100 verschiedene Seevogelarten zu beobachten.

Im Mai während der Schneeschmelze stürzen tosende Wasserfälle in die Tiefe. (linke Seite oben)
Um auf die Vogelinsel Runde zu gelangen, müssen einige dieser kleinen Brücken überquert werden. (links unten)
Der kleine Ort Hyen am Gloppenfjord schmiegt sich an die majestätischen Gipfel der norwegischen Küste. (rechts)

MIDNATSOL

Mehr als 100 000 Brutpaare finden sich während dieser Zeit auf der 6,4 Quadratkilometer großen Insel ein. Dreizehenmöwen, Tordalken, Trottellummen, Kormorane, Eissturmvögel, Basstölpel seien nur beispielhaft erwähnt. Die meisten Besucher kommen jedoch wegen einem einzigen Vogel, dem Clown der Lüfte, dem Papageientaucher. Im Frühsommer sieht man die Papageientaucher überall wie Torpedos durch die Luft schießen. An der Nordseite der kleinen Insel führt ein wunderschöner Wanderweg zu den Vogelklippen.

Ich packe ein wenig Proviant in den Fotorucksack und mache mich auf. Nach etwa 45 Minuten stehe ich an den Klippen. Die Aussicht ist atemberaubend. Überall schwirren Seevögel umher, das Geschrei ist ohrenbetäubend. Über mir kreisen zwei Seeadler. Fängt ja gut an, denke ich mir. Ein Schild zeigt mir den Weg zu den Papageientauchern. Dort angekommen ist die Enttäuschung groß. Kein Papageientaucher ist zu sehen. Nach einer Stunde steige ich frustriert ab. Unten angekommen erfahre ich, dass die Vögel erst am Abend wieder zu ihren Brutplätzen zurückkehren. Tagsüber befinden sie sich auf dem offenen Meer, um nach Nahrung zu suchen. Also mache ich mich am selben Abend noch einmal auf zu den Klippen. Ich warte ein, zwei Stunden – kein Vogel zu sehen. Gegen neun Uhr will ich wieder zusammenpacken, als plötzlich die »kleinen Clowns« aus allen Richtungen angeflogen kommen. Ich kann es kaum glauben, ich sitze mitten in der Brutkolonie der Papageientaucher. Nur drei Meter von mir entfernt watscheln die Vögel umher, ohne Scheu und Angst. Ich belichte über 30 Filme und steige im letzten Abendlicht gegen 23 Uhr wieder ab. Immer noch überwältigt von dem Naturschauspiel, steige ich in mein Auto und mache mich auf nach Ålesund. Von dort starten die Hurtigruten-Schiffe im Sommer in den Geirangerfjord – dem nächsten Höhepunkt der Reise.

Die »Midnatsol« verlässt den Hafen von Florø. (linke Seite)

Der Abstecher in den spektakulären Geirangerfjord zählt zu den Höhepunkten der gesamten Reise. (rechts)

VON ÅLESUND IN DEN GEIRANGERFJORD

Ålesund, die nächste Anlegestelle der Hurtigruten, ist ein wahres Juwel. Auf drei durch Brücken verbundenen Inseln konzentriert sich die Bebauung der Stadt. 40 000 Einwohner leben hier, und so ist Ålesund nach Trondheim und Bergen die drittgrößte Stadt, die von den Hurtigruten angelaufen wird. Ålesund verdankt seinen bescheidenen Reichtum in erster Linie der Fischerei und der Fischverarbeitung. Im 19. Jahrhundert entwickelte sich die Stadt zu einem der größten Fischereihäfen Norwegens. Auch heute noch operiert die Fischereiflotte der Stadt von Grönland bis zur Barentssee und liefert damit die Basis für die Fisch verarbeitende Industrie und den Fischexport.

Die pulsierende Stadt musste aber auch schon herbe Schicksalsschläge hinnehmen. In der Nacht vom 22. auf den 23. Januar 1904 zerstörte eine Feuersbrunst beinahe den gesamten Stadtkern. 10 000 Menschen wurden obdachlos. Die Menschen ließen sich jedoch nicht unterkriegen und bauten ihre Stadt in drei Jahren in der Architekturform der damaligen Zeit, dem Jugendstil, wieder auf. Seitdem trägt die Stadt den Beinamen »Stadt des Jugendstils«. Der deutsche Kaiser Wilhelm II., der sich mit seiner Yacht häufig im Fjordland aufhielt, organisierte sofort Hilfssendungen und finanzierte einen Teil des Wiederaufbaus. Noch heute trägt eine Straße den Namen des Kaisers.

Wer Ålesund im Sommer in Ruhe durchstreifen will, der steckt in einer Zwickmühle. Die Hurtigruten-Schiffe machen zwar in der Stadt Halt, doch nur, um nach einer halben Stunde in Richtung Geiranger aufzubrechen. Ich würde deshalb empfehlen, wenn es die Reiseplanung zulässt, das Hurtigruten-Schiff für einen Tag zu verlassen und am nächsten Tag mit einem anderen Schiff der Flotte die Reise fortzusetzen. Im Winter hat man dieses Problem nicht, da in der kalten Jahreszeit der Geirangerfjord nicht befahren wird, und die Schiffe deshalb mehrere Stunden im Hafen von

Ålesund liegen. Es bleibt also genügend Zeit für einen Stadtbummel. Unbedingt in Kauf nehmen sollte man dabei die 418 Stufen auf den Hausberg Aksla. Aus 189 Metern Höhe genießt man einen wahren Postkarten-Panoramablick auf Ålesund und die umliegenden Berge. Wieder unten vom Berg lohnt sich ein Spaziergang in der schönen Fußgängerzone. Auf engem Raum finden sich hier viele schmucke Häuser mit den für den Baustil so typischen Giebeln, Erkern, Stuckfassaden und Türmen. Auf dem Weg zurück zum Hafen sollte man auf die heimkehrenden kleinen Fischerboote warten, um die Fischer dabei zu beobachten, wie sie ihren Fang wiegen und zum Verkauf anbieten.

Mit dem Hurtigruten-Schiff geht es nun weiter in den sagenumwobenen Geirangerfjord. Das Schiff passiert den 84 Kilometer langen Storfjord, der sich in Richtung Süden in den 20 Kilometer langen Sunnylvsfjord verzweigt. Kurz vor dem Ende des Fjordes zweigt in östlicher Richtung der 16 Kilometer lange Geirangerfjord ab. Spätestens wenn das Schiff durch den Sunnylvsfjord »pflügt«, ist man überwältigt von den steil ins Meer abfallenden Küstenbergen, die mehr als 1000 Meter über den Meeresspiegel in den klaren Himmel hinaufragen. Das tiefgrüne Fjordwasser und die herabstürzenden Wasserfälle erinnern eher an die Südsee, als an einen Fjord im hohen Norden. Ich frage mich immer wieder, wie die Menschen in den einsamen Gehöften leben können, die hoch droben über den steilen Fjorden auf schmalen Simsen balancieren. Am Ende des Geirangerfjordes liegt der gleichnamige Ort Geiranger. Wie schon erwähnt, ist es hier nicht möglich anzulegen, da der Kai nicht tief genug ist. Beeindruckend sind die riesigen Kreuzfahrtschiffe, die den wirklichen engen Fjord im Sommer anfahren. Wie riesige, weiße Ungetüme liegen sie vor Geiranger. Im Rahmen des Ausflugsprogramms der Hurtigruten ist es jedoch möglich, auf ein kleineres Boot umzusteigen, um den Fjord genauer zu erkunden.

Im Gegensatz zu vielen Beschreibungen in Reiseführern kann ich dem Ort Geiranger nicht viel abgewinnen. Abgesehen von der schönen Lage am Ende des Fjordes hat der Ort durch die große Hotelburg seinen Charme ein wenig verloren.

Die Zeit drängt, lange kann sich das Hurtigruten-Schiff nicht aufhalten und so geht es langsam zurück nach Ålesund. Anzumerken ist noch, dass der Geirangerfjord lediglich auf der nach Norden verlaufenden Route angefahren wird. Auf der Südstrecke wird auch Ålesund nur nachts passiert.

HERZEN VOM ROMSADALEN – MOLDE

Das Schiff verlässt den Hafen von Ålesund Richtung Norden. Im Westen taucht die Insel Giske auf, die im Mittelalter Sitz des machtvollen Giske-Geschlechts war. Die beiden Könige Magnus und Olav Kyrre stammten von hier. Landesweit besaß das Geschlecht der Giske mehr als 200 Höfe. Gut zwei Stunden dauert die Fahrt nach Molde. Vom Panoramadeck aus kann man mehrfach Ausblicke auf das gewaltige Bergmassiv von Sunnmøre genießen. Gekrönt wird dieses Bergmassiv von der Zinne des 1432 Meter hoch aufkragenden Kolåstinden.

Das Schiff gleitet in den Moldefjord und legt schließlich mitten im Herzen vom Romsadalen im Zentrum von Molde an. Im Nordosten erheben sich majestätisch die spektakulären, Schnee bedeckten Romsdalsalpen. Sie bilden eine traumhafte Kulisse für die 22000 Einwohner zählende Stadt, die aufgrund ihres für norwegische Verhältnisse milden Klimas den Beinamen »Stadt der Rosen« erhielt. Den schönsten Blick auf Stadt und Umgebung hat man vom 407 Meter hohen Hausberg Varden. Eine kleine Straße führt hinauf zum Gipfel. Laut Tourismusprospekt kann man hier an klaren Tagen bis zu 222 Berggipfel bewundern, mehr als 80 ragen über 1000 Meter hoch in den Himmel. Die Stadt wurde bereits im 14. Jahrhundert als Handelsplatz für Holzexporte gegründet. 1742 erhielt sie dann das Stadtrecht. Handel, Fischerei und später Industrie prägten die Stadt. Wahrzeichen von Molde ist heute der schon von weitem sichtbare Glasbau des Rica Seilet Hotels. Die segelförmige Architektur des Hotels ist europaweit sicherlich einzigartig. Berühmt ist Molde auch für sein alljährlich im Juli stattfindendes Jazzfestival. Seit 1961 kommen Spitzenmusiker in die kleine Stadt, darunter solche Größen wie Miles Davis, Oscar Peterson oder Dizzy Gillespie. Weiter geht's nun Richtung Norden – zum Polarkreis.

Das Hurtigruten-Schiff stampft langsam durch den Moldefjord, in 10 Minuten legt es im Hafen von Molde an. (oben)

Die tief stehende Sonne taucht den Fjord nahe Bergen in ein rot-oranges Licht. (rechte Seite)

Der Geirangerfjord ist auch auf dem Landweg erreichbar. Die Fahrt dorthin führt entlang des Innvikfjordes vorbei an Löwenzahnwiesen, schneebedeckten Gipfeln und roten Hütten – eben Norwegen pur.

Dramatische Wolkenstimmung über dem Nordfjord nahe Måløy.

Die zerklüfteten Felsen auf der Insel Runde sind die Brutreviere hunderttausender Wasservögel. Basstölpel, Papageientaucher, Trottellummen, Eissturmvögel und sogar Seeadler bringen hier ihre Jungen auf die Welt (Bei den weißen Strichen handelt es sich um fliegende Möwen und Basstölpel).

Runde ist nicht nur das bevorzugte Brutrevier von Wasservögeln, hier fühlen sich auch Schafe wohl. (links oben)

Die Felsen auf Runde stürzen fast senkrecht in die Tiefe. (rechts oben)

Ein schöner, kleiner Steig führt hinauf zu den Vogelfelsen. Die beste Jahreszeit, um die Papageientaucher zu beobachten, ist das Frühjahr zwischen Mai und Juni. (links)

Die meisten Besucher kommen wegen der »Clowns der Lüfte«, den Papageientauchern auf Runde. Aus nächster Nähe können diese wunderschönen Vögel hier beobachtet werden. (rechte Seite)

ÜBER KRISTIANSUND UND TRONDHEIM ZUM POLARKREIS

Von Molde nach Ørnes

Wer die Möglichkeit hat, sollte in Molde das Hurtigruten-Schiff verlassen und mit dem Auto über die berühmte Atlantikstraße nach Kristiansund fahren. Auf der Tour nach Süden wird im Rahmen des Hurtigruten-Programms diese Strecke als organisierte Busfahrt angeboten, so dass auch derjenige, der ohne Auto unterwegs ist, in den Genuss dieser traumhaft schönen Strecke kommt.

Dem Sonnenuntergang entgegen: das Hurtigruten-Schiff im Moldefjord.

Im Auto geht es auf der 662 Richtung Westen, die nach etwa fünf Kilometern einen Bogen nach Norden macht. Von der Straße hat man immer wieder einen schönen Blick auf den Julsund, den auch das Hurtigruten-Schiff durchquert. Im Osten taucht flach wie ein Pfannkuchen die Insel Gossen auf. Die kleine Straße führt nun immer am Meer entlang in einem großen Bogen nach Malme, wo sie wieder auf die 64 trifft. Nach fünf Kilometern, im kleinen Ort Moen, biegt man links auf die 663 und fährt parallel zum schönen Frænfjord bis nach Elnesvågen. Dort hält man sich weiter Richtung Westen und gelangt auf der 664 zum Ort Tornes. Die Straße macht hier einen Schlenker nach Norden. Linker Hand genießt man traumhafte Blicke auf den Harøfjord. Im 800-Seelennest Bud ist die Holzkirche aus dem Jahre 1717 einen Besuch wert. Im Westen blickt man nun auf die Hustadbucht. Die Bucht besteht aus einem drei Kilometer langen Schärengürtel, der es in sich hat. Auch derjenige, der diese Gewässer wie seine Westentasche kennt, ist hier von Bojen und Markierungen abhängig, um den Weg zu finden. In Küstennähe befinden sich hier so viele Untiefen, dass die Hurtigrute diese Gewässer weiträumig umfährt. In den Küstengewässern der Bucht gedeihen prachtvolle Meerespflanzen und seltene Algenarten – ein Paradies für Sporttaucher.

Weiter geht es auf der engen Straße Richtung Norden. Nach etwa 20 Kilometern trifft man wieder auf die 663. Bei Vevang beginnt der schönste Streckenabschnitt der Atlantikstraße. Über acht niedrige Brücken führt dieses Meisterstück der Ingenieurskunst über das offene Meer. Die Lage der 1989 eröffneten Straße ist so exponiert, dass sie in stürmischen Tagen unter den tosenden, meterhohen Wellen verschwindet und gesperrt werden muss. Zurück auf der 64 erreicht man nach 20 km den Ort Bremsnes, von wo eine Autofähre nach Kristiansund übersetzt – dem sechsten Anlaufhafen der Hurtigruten.

Der Straße von Molde nach Kristiansund führt entlang unzähliger Fjorde und Seen. (unten)
Nur wer ganz in der Früh unterwegs ist, der wird in den Genuss solcher Spiegelungen kommen. (rechte Seite)

IN KRISTIANSUND – DER »KLIPPFISCHSTADT«

Kristiansund erstreckt sich über die drei Inseln Kirkelandet, Innlandet und Nordlandet, die durch Brücken miteinander verbunden sind. Der malerische, lebhafte Naturhafen gilt als der beste, weil geschützteste Hafen in Norwegen. Dutzende von kleinen Booten, Kuttern, Trawlern liegen im Hafen vor bunten Wohnhäusern, Werften und Speicherhäusern. Die etwa 17000 Einwohner zählende Stadt, die im Jahre 1742 Stadtrecht erlangte, verdankt ihren Wohlstand, wie könnte es in Norwegens auch anders sein, dem Fisch. Zuerst war es Hering, dann Kabeljau, der aus dem Meer gezogen wurde. Schon 1691 begann der Niederländer Jappe Ippes hier mit dem Trocknen von Klippfisch. Im Gegensatz zum Stockfisch, der zum Beispiel auf den Lofoten »zu Hause« ist, wird der Klippfisch nicht auf Holzgestellen getrocknet, sondern auf den Klippen konserviert. Die umliegenden Felsen waren dafür bestens geeignet. Kristiansund wurde zur »Klippfisch-Stadt«. Als die Bestände an Kabeljau vor der Küste zu Ende gingen, importierte man kurzer Hand Kabeljau und Lachs von den Lofoten und exportierte den weltweit begehrten »Klippfisch« (bacalao) nach Spanien, Italien und Portugal.

Bis zum Ersten Weltkrieg erlebte die Stadt eine regelrechte Blütezeit. Im April 1940 wurde der Stadtkern im Bombenhagel deutscher Flugzeuge fast vollständig zerstört. Nach dem Krieg ersetzte man die schönen, alten Holzhäuser leider durch moderne, zweckmäßige Bauten. Heute lebt die Stadt nach wie vor in erster Linie vom Fischfang und der Fischverarbeitung. Die Öl- und Erdgasfunde vor der norwegischen Küste haben die traditionellen Erwerbszweige jedoch ein wenig in den Hintergrund gedrängt. Kristiansund ist heute Mittelnorwegens wichtigster Stützpunkt für die Felder »Draugen«, »Heidrun« und »Ormen Lange« vor der Küste. 1992 wurde die Stadt über einen

5,2 Kilometer langen Tunnel und zwei Brücken mit dem Festland verbunden. Fahrgäste der nach Süden verlaufenden Route sollten hier unbedingt das Schiff verlassen und im Rahmen des angebotenen Landprogrammes die Bustour über die vorher beschriebene Atlantikstraße wahrnehmen.

Das Hurtigruten-Schiff nimmt nun Kurs auf Trondheim. Auf der Fahrt nach Norden bekommt man hiervon nicht viel mit, da die Strecke nachts zurückgelegt wird. Die nach Süden gehende Route dagegen passiert diesen Streckenabschnitt am Nachmittag.

Das Schiff macht sich auf in ein Gebiet, dass als geografisches Herz Norwegens bezeichnet wird – das Trøndelag. Das 41 000 Quadratkilometer große Gebiet erstreckt sich von den Hochfjellflächen an der Grenze zu Schweden in einem relativ dünnen Streifen bis an die wild zerklüftete Fjordküste im Westen. Geografisch bildet das Land den Übergang zwischen Süd und Nord. Auf demselben Breitengrad wie Süd-Grönland gelegen, gedeihen hier, dem Golfstrom sei Dank, Obst, Gemüse und Getreide. Die Vielfalt der Landschaft lässt die 390 000 Bewohner der Region voller Stolz verkünden, ihr Landesteil sei »Norwegen in einer Nussschale«.

Die Hurtigruten-Strecke führt nach einem kurzen Stück über offenes Meer bald in den Windschatten zweier großer Inseln. Im Westen »erhebt« sich die Insel Smøla gerade einmal 68 Meter über den Meeresspiegel. Die 2400 Einwohner leben überwiegend von der Landwirtschaft und dem Fischfang. Man sagt, dass auf jeden Einwohner Smølas mindestens eine Insel oder Schäre kommt.

Das Schiff gleitet nun in die Trondheimfahrrinne. Die Insel Hitra kommt ins Blickfeld. Mit 565 Quadratkilometer ist sie die siebtgrößte Insel des Landes. Hier sind Lachs und Hirsch das Maß aller Dinge. Im wald- und sumpfreichen Inselinneren lebt die wahrscheinlich dichteste Hirschpopulation Europas. Am stillgelegten Leuchtturm von Agdenes vorbei geht es nun in den 170 Kilometer langen und bis zu 25 Kilometer breiten Trondheimfjord. Nach sechseinhalb Stunden legt das Hurtigrutenschiff am Kai in Trondheim an.

Im Frühjahr, wenn die Berge noch »angezuckert« sind und die Löwenzahnwiesen in voller Blüte stehen, ist die Fahrt von Molde nach Kristiansund ein besonderes Erlebnis. (oben)
Zwei Berge des Küstengebirges nahe Kristiansund spiegeln sich im Wasser eines kleinen Fjordes. (rechte Seite)

TRONDHEIM – NORWEGENS ALTE HAUPTSTADT

Das nach Norden fahrende Schiff erreicht Trondheim im Sommer um 8.15 Uhr, im Winter um sechs Uhr. Der Aufenthalt beträgt dreieinviertel Stunden bzw. sechs Stunden im Winter. Die Liegedauer der nach Süden gehenden Tour ist noch etwas ausgedehnter. Trotz des längeren Stopps in der alten Hauptstadt Norwegens sollte man in Trondheim das Schiff für ein oder sogar zwei Tage verlassen, um die Stadt mit all ihren Sehenswürdigkeiten in aller Ruhe besichtigen zu können. Das Terminal des Hurtigruten-Schiffs liegt unweit der Innenstadt. Etwa 15 Minuten sind es vom Hafen zu Fuß in die Innenstadt.

1997 feierte Trondheim sein 1000-jähriges Bestehen. Ob jedoch das Jahr 997 n. Chr. wirklich das Gründungsjahr der Stadt war, ist schwierig nachzuweisen. Archäologische Funde beweisen lediglich, dass hier an der Mündung des Nidelven-Flusses Ende des 10. Jahrhunderts ein wichtiges Handelszentrum der Wikinger lag. Der Wikingerkönig Olav Tryggvason trieb von Nidaros, so der ursprüngliche Name Trondheims, die Christianisierung des Landes voran. Sein Nachfolger König Olav Haraldsson versuchte, das Christentum weiter zu verbreiten und das zerstrittene Land wieder zu vereinen. In der Schlacht von Siklestad im Jahr 1030 n. Chr. fand er jedoch den Tod. Olaf II. wurde als Märtyrer heilig gesprochen und stieg zur Identifikationsfigur des Landes auf. Seine sterblichen Überreste wurden in der Kirche St. Clemens beigesetzt. Nidaros wurde zu einem der größten Wallfahrtsorte Europas. Im Jahr 1070 n. Chr. begann man mit den Arbeiten am Dom von Nidaros. Baumeister aus allen Gegenden der Welt beteiligten sich am Bau, der 1320 fertig gestellt wurde. Die Pest, mehrere verheerende Stadtbrände, die

Die Ebbe hat diese schönen, mit Algen besetzten Steine freigelegt. (linke Seite)
Die »Kong Harald« verlässt Brønnøysund. (oben)
Das Hurtigruten-Schiff nähert sich dem Torghatten. (unten)

Union mit Dänemark und schließlich die Reformation im Jahr 1536 brachten Nidaros in eine Randlage. Die Stadt bekam den dänischen Namen Tronthjem. Der strategisch günstigen Lage an der Bucht des Trondheimfjordes sowie dem Waldreichtum und der großen Fruchtbarkeit der Böden war es jedoch zu verdanken, dass Trondheim sämtliche Rückschläge wegsteckte. Im 19. Jahrhundert blühte der Holzhandel und die Landwirtschaft warf so große Erträge ab, dass zu dieser Zeit mehr Menschen in Trondheim lebten als in Oslo. 1929 benannte sich die Stadt wieder in Nidaros um, doch schon 1930 war erneut Trondheim der Name.

Heute zählt Trondheim mehr als 150 000 Einwohner und ist damit nach Stavanger und Oslo die drittgrößte Stadt des Landes. Die Universität lockt viele junge Leute hierher. 20 000 Studenten sind dort eingeschrieben, wovon natürlich die hiesige, äußerst rege Kneipenszene profitiert. Das Zentrum der Stadt ist klein und übersichtlich und

grenzt direkt an den Hafen. Auf der »Bakke bru«, die den Nidelv-Fluss überspannt, hat man einen schönen Blick auf die alten Speicher von Bryggene. Jenseits der Brücke befindet man sich schon in Møllenberg, dem In-Viertel der Stadt. Die kopfsteingepflasterten Straßen und die Ansammlung alter Holz- und Wohnhäuser verschaffen dem Viertel ein tolles Flair. Viele kleine Cafés und Restaurants entlang der Straße »Nedre Bakklandet« laden zum Rasten und Entspannen ein. Von hier hat man auch den schönsten Blick auf die alten Speicherhäuser und den alles überragenden Nidaros-Dom. Über die hölzerne »Gamle Bybrua«, die 1861 im neugotischen Stil erreichtet wurde und früher der einzige Zugang zur inneren Stadt war, geht's wieder über den Fluss Nidelv. Ziel ist der Nidaros-Dom. Der Dom stellt eines der großen norwegischen Kulturdenkmäler dar und ist eines der beachtlichsten Zeugnisse gotischer Baukunst in Nordeuropa. Mehrere Brände in den letzten Jahrhunderten haben dem Dom schwer zugesetzt.

Das ehemals so bedeutende Wallfahrtsziel war seit der Reformation zu einer Ruine verfallen. Erst das wieder erstarkte Nationalbewusstsein nach der Befreiung von der dänischen Herrschaft 1814 verhinderte den totalen Verfall. Im Jahr 1869 wurden die Arbeiten zur Wiederherstellung aufgenommen. 1930 konnte der Dom dann eingeweiht werden. Heute ist er Nationalmonument und Krönungskirche. Vom Dom sind es nur zehn Gehminuten zum zentralen Marktplatz, dem Torget. Er ist Mittelpunkt der Altstadt. Mitten auf dem Platz »thront« in Form einer riesigen Granitsäule der Stadtgründer Olav Tryggvason.

Die Gegend um Sandnessjøen ist stark von der Landwirtschaft geprägt. Hier nehmen die Kühe ein kühles Bad im Fjord. (linke Seite oben)
Der siebengipfelige Gebirgsstock »die sieben Schwestern« nahe Sandnessjøen, ist ein sagenumwobener Ort. (linke Seite unten)
Exakt durch die markante Insel Hestmannøy verläuft der Polarkreis. (unten)

NORDLAND ENTGEGEN

Das Schiff läuft wieder in den engen Trondheimfjord aus. Nach etwa einer Stunde passieren wir den Ort Rissa. Hier wurden die beiden neuesten Hurtigruten-Schiffe »MS Trollfjord« und »MS Midnatsol« auf Kiel gelegt. Am Ende des Trondheimfjordes im Westen nimmt das Schiff Kurs Richtung Nord. Das Land wird nun wilder, die Gehöfte einsamer. Die grünen Wiesen gehen über in Felsen und runde Bergkuppen. Am rot leuchtenden »Kjeungsjær Fyr« (Leuchtturm) vorbei, geht es nun in das mit tausenden von Schären übersäte Frøyhavet. Die Bucht ist für ihre riesigen Heringsschwärme bekannt. Weiter draußen liegen die wirtschaftlich bedeutenden Erdöl- und Erdgasfelder der Haltenbank. Wir nähern uns dem Stokksund, einer engen Passage an der Küste. Der deutsche Kaiser Wilhelm II. riss hier der Legende nach während seiner ersten Nordlandreise mit der »Hohenzollern« seinem Steuermann das Ruder aus der Hand, aus Angst davor, dieser könnte das Schiff auf Grund laufen lassen. Der Lotse schickte ihn jedoch weg mit den Worten »hier bin ich der Chef« und meisterte die gefährliche Stelle. Als Dank erhielt er vom Kaiser eine goldene Uhr.

Nach diesem Nadelöhr ist man froh, wenn das Schiff den Leuchtturm »Buholmråsa Fyr« erreicht, der die als Folda bekannte, offene Meeresstrecke einläutet. Bei rauem Seegang kann es einem hier aber schon wieder ganz schön flau in der Magengegend werden. Kurz bevor »Schlimmeres« passiert, kommen wir in den Bereich des Inselreiches Vikna und damit in den Schutz von mehr als 6000 Schären und Inselchen. Das Schiff fährt schließlich in den engen Nærøysund ein, der als das Tor nach Nordland gilt. Dann ist der kleine Ort Rørvik erreicht.

Rørvik ist Handelszentrum und Verkehrsknotenpunkt der Vikna-Gemeinde. Hier bietet sich eine der wenigen Möglichkeiten, die Schiffe sowohl der nord- als auch der südgehenden Route ge-

meinsam am Kai liegen zu sehen. Also Kamera zücken und fotografieren, die nächste Chance für ein Foto beider Schiffe gibt es erst wieder in Harstadt auf den Vesterålen-Inseln. Die nach Norden verlaufende Route passiert die Strecke bis zum Polarkreis nachts, erst auf der Fahrt Richtung Süden kommt man deshalb in den Genuss dieser Schiffspassage.

Weiter geht es nach Norden. Nächster Hafen ist Brønnøysund. Das Hurtigruten-Schiff passiert die Insel Leka und überschreitet die Grenze von Trøndelag nach Nordland. Bald ist die Mündung des Bindalfjordes erreicht. Bindal ist die südlichste Gemeinde Nordlands. Die Gemeinde ist, dank der reichen Waldbestände, eines der Zentren für den Bootsbau in Norwegen. Jedes Jahr findet hier am letzten Juni-Wochenende die Nordlandbootregatta in Terråk statt, das größte Treffen von Nordlandbooten in Norwegen.

Eine der markantesten Sehenswürdigkeiten der Hurtigrutenreise erreicht das nordgehende Schiff kurz vor Brønnøysund. Im Westen erhebt sich der 260 Meter hohe Torghatten, »der Berg mit dem Loch«. Auf unzähligen Postkarten ist dieser außergewöhnliche, durchlöcherte Berg abgebildet. Auf der südgehenden Tour, die den Torghatten am Tage passiert, macht das Schiff extra einen Schlenker nach Westen, damit auch jeder in den Genuss des »Durchblickes« kommt.

Unter der 550 Meter langen Brücke fährt das Schiff in den Brønnøysund ein und erreicht ein paar Minuten später den Hafen des gleichnamigen Ortes. Wer will, kann das Schiff in Brønnøysund verlassen und sich zum Torghatten aufmachen. Ein leicht zu erwandernder, halbstündiger Pfad führt zum Loch, das etwa 35 Meter hoch und 15 Meter breit ist. Wer auf der Südroute unterwegs ist und genügend Zeit hat, auf das nächste Schiff zu warten, der sollte auf der Brønnøysundbrücke stehend die Ausfahrt des Hurtigruten-Schiffs aus dem engen Sund bewundern.

Weiter geht es Richtung Norden in das Inselreich Vega, das aus mehreren tausend Inseln und Schären besteht. Die botanische und zoologische Vielfalt der Inseln ist so groß, dass schon die Aufnahme in die »World Heritage List« der UNESCO vorgeschlagen wurde. Kurz nach Vega passiert das Hurtigruten-Schiff die Insel Tjøtta mit Norwegens größtem Gehöft, das mindestens schon seit dem 9. Jahrhundert besteht. Tjøtta wie auch Vega sind uralte Siedlungsplätze. Mehrere tausend Fundorte belegen die Existenz von Siedlungen, die vor über 10 000 Jahren hier existierten. Langsam kommen die »sieben Schwestern« ins Blickfeld. Der siebengipfelige Gebirgsstock besteht von Nord nach Süd aus Botnkrona (1006 m), Grytfoten (1008 m), Skjæringen (1036 m), Tvillingene (980 m), Kvasstinden (1010 m), Hvastind (1008 m) und Stortinden (906 m). Der Sage vom Helgelandsfjell nach soll es sich bei den sieben Bergen um versteinerte Prinzessinnen handeln, die auf der Flucht vor dem liebestollen Hestmannen, dem Sohn des Trollkönigs Vågekallen, zu Stein wurden, da sie sich nicht rechtzeitig vor dem Sonnenaufgang verstecken konnten. Das Schiff legt kurze Zeit später in Sandnessjøen an. Der 7000 Einwohner zählende Ort ist wichtigster Verkehrsknotenpunkt der Region. Im Norden ragt die 1991 fertig gestellte Helgelandsbru 45 Meter in den Himmel. Mit ihrer Länge von 1073 Meter gilt sie als eine Meisterleistung der Ingenieurskunst. Leider ist die Brückenmaut entsprechend hoch. Wer in Sandnessjøen das Schiff für ein paar Tage verlassen will, dem sei die Wanderung auf eine der »sieben Schwestern« empfohlen. Alle Gipfel können über markierte Pfade problemlos erwandert werden.

Das Hurtigruten-Schiff verlässt Sandnessjøen und nimmt Kurs auf Nesna. Bald stampft das Boot durch den Ranafjord. Der Fjord erstreckt sich 70 Kilometer ins Land hinein, bis zur Industriestadt Mo i Rana. Nach kurzer Fahrzeit ist Nesna erreicht. Der Ort mit seinen 1000 Einwohnern liegt sehr schön auf einer kleinen Landspitze zwischen dem Sjonafjord im Norden und dem bereits erwähnten Ranafjord im Süden. Bergsteigern bieten sich hier viele lohnende Gipfel, aber auch herrliche Angelausflüge in die vielen kleinen Fjorde werden vom Ort aus organisiert. Die Straße 17 zwischen Nesna und Ørnes und weiter nach Bodø zählt zu den schönsten Küstenstraßen Norwegens. Wer also sein eigenes Auto dabei hat, dem sei ein Ausflug vom Schiff empfohlen. Wer sich auf der 17 gen Norden aufmacht, sollte aber genügend Zeit einplanen. Die Strecke ist zum einen einfach zu schön, um sie schnell »abzufahren«, zum anderen ist man mehrmals gezwungen, auf kleine Autofähren umzusteigen, die einen über die Fjorde transportieren. Die Fähren sind äußerst günstig, verkehren aber oft nur im Stundentakt.

23 Uhr an einem Fjord nahe Sandnessjøen, langsam sinkt die Sonne bis zum Horizont. (linke Seite)

Die »Narvik« nähert sich dem Hafen von Sandnessjøen. (unten)

ÜBER DEN POLARKREIS NACH NESNA

Auf dem Schiff warten viele Passagiere ungeduldig auf die berühmten Inselketten der Lofoten und Vesterålen-Inseln. Der Küstenabschnitt zwischen Nesna und Bodø ist aber mindestens ebenso spektakulär. Hoch ragen die Küstenberge des Festlandes in den Himmel. Fast runde Gipfel wechseln mit zackigen, steilen Bergkuppen. Viele Berge ähneln Phanatasiefiguren. Kein Wunder also, wenn die gesamte Nordland-Küste im Volksmund bis heute ein Tummelplatz von Trollen und Riesen ist.

Dann ist es so weit, das Hurtigruten-Schiff überschreitet endlich den Polarkreis. Das Deck des Schiffes ist mit Passagieren überfüllt. Man merkt, dass diese imaginäre Linie, die den südlichsten Punkt der Mitternachtssonne markiert, etwas Magisches an sich hat und auf die Reisenden eine besondere Faszination ausübt. Auf einer kleinen Schäre hat man als sichtbares Zeichen für das Überschreiten der Linie das Modell einer Weltkugel aufgestellt.

Weiter im Westen verläuft die sagenumwobene Linie genau durch die Insel Hestmannøy. Der 568 Meter hohe Berg Hestmannen ist das weithin sichtbare Zeichen für den Polarkreis. Die Fotoapparate surren – Hurtigruten ist endlich im Norden angelangt. Sowohl auf der südgehenden wie auf der nordgehenden Route wird der Polarkreis tagsüber, am Morgen, passiert. Niemand, außer vielleicht ein Langschläfer, wird dieses einmalige Ereignis also verpassen. Das Schiff passiert in nördlicher Richtung die Insel Rødøyløva mit dem gleichnamigen, 444 Meter hohen Berg, der den Sphinxen in Ägypten ähnelt. Der überaus markante Kopf des Berges ist ein Wahrzeichen für ganz Nordnorwegen.

Im Osten blitzt jetzt schon das glänzende Eis des Svartisen Gletschers auf. Mit einer Fläche von 370 Quadratkilometern ist er der zweitgrößte Gletscher Norwegens. Früher reichte die Gletscherzunge bis an das Fjordufer. Heute können riesige Kreuzfahrtschiffe in den Holandsfjord hineinfahren, um von dort die große Gletscherzunge Engabreen aus nächster Nähe zu bestaunen. Auch das Hurtigruten-Schiff bietet hier natürlich einen interessanten Landausflug an. Wer den Gletscher bewundern will, der begibt sich bei der Insel Grønøy an Bord eines kleinen Schiffes, das sich dann auf den Weg in den Holandsfjord zum Gletscher macht. Wer sich dem Landausflug anschließt, der nach sechs Stunden in Bodø endet, der »verpasst« erstmal die weitere, wunderschöne Fahrt durch den Meloysund bis nach Ørnes. Man kann diesen Streckenabschnitt aber dann auf der Rückfahrt nachholen.

1500 Menschen leben im kleinen Fischerörtchen zu Füßen des auffallenden Berges Spilderhesten. Sowohl die nach Süden als auch die nach Norden verlaufende Hurtigrute legen am Vormittag an. Am kleinen, wunderschönen Hafen des Ortes bietet sich ein kurzer Spaziergang an, bevor es auf der Nord-Route weiter Richtung Bodø geht. Wer das Auto mit dabei hat, der hat auch hier noch einmal die Möglichkeit, das Schiff zu verlassen und auf der Straße 17 bis nach Bodø zu fahren. Auch dieser Streckenabschnitt der 17 ist traumhaft schön.

Jetzt geht's endlich langsam Richtung Lofoten – die Vorfreude ist riesengroß!

Das Hurtigruten-Schiff hat den Hafen von Molde verlassen und fährt dem Sonnenuntergang entgegen. (links)

Ein Sommergewitter braut sich über der norwegischen Küste nahe Ørnes zusammen. (rechte Seite)

Ein »Schloss aus Wolken«. Die perfekte Spiegelung auf dem kleinen Bergsee zwischen Molde und Kristiansund war nur für wenige Minuten zu sehen, dann kam Wind auf und alles war vorbei.

Der 260 m hohe Berg Torghatten nahe Brønnøysund, hier im Hintergrund, gehört zu den Attraktionen einer Hurtigruten-Reise. Die Erosion hat in Millionen von Jahren dafür gesorgt, dass heute ein 35 Meter breites und 15 Meter hohes Loch den Berg ziert.

Frühmorgens am Moldefjord, die Sonne hat sich durch den Frühnebel gekämpft, ein neuer Tag kann beginnen.

Die »Klippfischmadam« ist eine Statue zu Ehren der Fischerfrauen in Kristiansund. (links oben)

Blick auf den Nidaros-Dom in Trondheim. (rechts oben)

Der geschäftige Hafen von Kristiansund. (links)

Von der »Bakke bru«, die sich über den Fluss Nidelv spannt, hat man den schönsten Blick auf Trondheims Wahrzeichen: den mächtigen Nidaros-Dom und die alten Speicherhäuser von Bryggene. (rechte Seite)

AN BORD

12 Tage an Bord eines Schiffes zu verbringen, mag bei manchen »Landratten« Horrorvorstellungen auslösen. Was macht man nur, wenn das Wetter mal schlecht ist, wenn einem die Decke »auf den Kopf zu fallen droht«? Keine Angst, auf den Schiffen der Hurtigruten ist einiges geboten. Die Schiffe der neuen Generation gleichen mit ein paar Abstrichen eher modernen Kreuzfahrtschiffen als den Postschiffen früherer Tage. Auch wenn viele Traditionalisten den alten Schiffen nachtrauern, so wollen heute viele der Passagiere nicht mehr auf den zusätzlichen Komfort verzichten. Natürlich sind die Hurtigruten-Schiffe noch weit von dem entfernt, was andere Ozeanriesen so alles im Programm haben – zum Glück. Es gibt weder Kleidungsvorschriften noch Abendunterhaltungsprogramme – die phantastische Küstenlandschaft bietet Unterhaltung genug. Natürlich gibt es auch auf den Hurtigruten-Schiffen ein Programm, ja sogar Themenreisen, wie zum Beispiel »Wale und Fjorde, Nordlicht und Sterne« oder »eine kulinarische Erlebnisreise«. Diese Themenreisen werden von fachkundigem Personal begleitet. Während der gesamten Fahrt stehen die Lektoren Rede und Antwort und vertiefen das jeweilige Thema in interessanten Vorträgen. Im Rahmen von zusätzlichen Ausflügen zum Beispiel zu den Walen von Andenes wird das Thema nochmals veranschaulicht. Unabhängig von speziellen Themen steht es den Passagieren frei, sich an einer Vielzahl von Landausflügen zu beteiligen wie zum Beispiel der Fahrt zum Nordkap. Für die meisten Hurtigruten-Passagiere ist jedoch schon die Reise an sich ein Erlebnis: Geirangerfjord, Lofotenwand, Raftsund, Toppsund, Tromsø, Barentssee, Nordlichter ...! Sollte das Wetter einmal nicht mitspielen, dann können sich die Gäste der MS Richard With in zwei beheizten Outdoor-Pools entspannen, im Fitnessraum der MS Midnatsol trainieren, sich im Solarium der MS Finnmarken sonnen oder im Himmelbett der MS Trollfjord träumen. Es ist in erster Linie die Ruhe, nur unterbrochen vom gleichmäßigen Stampfen der Schiffsmotoren, was eine Fahrt auf den Hurtigruten-Schiffen so einzigartig macht. Fern von Stress, Hektik und Lärm ist es hier möglich, »herunterzuschalten«, zu lesen, zu malen, einen guten Wein zu trinken oder einfach nur zu staunen. Viele der Passagiere, die diese Reise einmal mitgemacht haben, kommen wieder, süchtig nach der »schönsten Seereise der Welt«!

Jeder enspannt sich auf seine Art und Weise –
der eine schläft (links oben) ...der andere liest. (rechts unten)

Man kann sich kaum satt sehen - die winterliche
Küste nahe Kirkenes. (rechts oben)

Auf dem Panoramadeck der Trollfjord lässt sich's
auch bei schlechtem Wetter aushalten. (linke Seite)

NORWEGENS JUWELEN: LOFOTEN UND VESTERÅLEN

Von Ørnes nach Harstadt

Das Hurtigruten-Schiff verlässt den Hafen von Ørnes hinaus in die Nordlandrinne. Zur rechten Hand zeigt sich bald das Vorgebirge Kunna, früher eines der meist gefürchteten Hindernisse für die Nordlandboote. Die weitere Fahrt nach Bodø führt an wilder, spektakulärer Küsten- und Gebirgslandschaft vorbei. Im Westen taucht die Vogelinsel Fugløya auf – bald ist Bodø erreicht. Schon beim Einlaufen in den Hafen wird man auf die strategische Bedeutung der Stadt aufmerksam. Das Schiff fährt dicht an einem der größten Flughäfen des Landes vorbei, der sowohl zivil als auch militärisch genutzt wird. Die Hauptstadt von Nordland ist Sitz des Militäroberkommandos für Nord-Norwegen.

Die schönsten Dörfer Norwegens findet man im Süden der Lofoten. Hier der Blick auf Tind.

Architektonisch hat die Stadt nicht viel zu bieten. Im Zweiten Weltkrieg wurden drei Viertel der Stadt von deutschen Bombern zerstört. Nach dem Krieg erhielt die Stadt ihr nicht gerade schönes aber zweckgebundenes Stein- und Betonkleid. Im Sommer ist hier trotzdem einiges los. In Bodø endet zum einen die Nordlandbahn und zum anderen ist die Stadt das Sprungbrett auf die Lofoten. Mehrmals täglich starten hier Fährschiffe nach Moskenes auf den sagenumwobenen Inseln. Wer ein wenig Zeit hat, der kann sich mit dem Taxi auf das drei Kilometer entfernte Rønvik-Fjell fahren lassen. Von dort oben hat man an klaren Tagen eine grandiose Aussicht auf den Ort und die gesamte Lofoten-Kette im Westen.

ÜBER DEN VESTFJORD NACH STAMSUND AUF DEN LOFOTEN

Das Schiff läuft aus dem Hafen in Bodø aus. Wir sind alle ein wenig aufgeregt, denn jetzt steht das Highlight einer jeden Hurtigruten-Reise unmittelbar bevor – die Fahrt auf die Lofoten.

Das Boot windet sich zwischen unzähligen, kleinen Schären hindurch in den Landegodefjord hinein, vorbei an der gleichnamigen Insel mit dem berühmten Leuchtturm. Mit etwas Phantasie erkennen wir den sagenumwobenen Landegomann, der seit alten Zeiten dabei beobachtet wird, wie er die bis zu 803 Meter aufragende Nordspitze der Insel besteigt. Mit Kurs Nord-Nordost geht es schließlich in den Vestfjord hinaus, der sich wie ein Keil zwischen das Festland und die Lofoten schiebt. In früheren Zeiten war die Durchquerung des Vestfjordes ein äußerst gefährliches Abenteuer und auch heute ist die offene Meeresstrecke besonders bei schlechtem Wetter nicht zu unterschätzen. Im Westen tauchen bald die vielen kleinen Inseln von Røst auf. Trotz des milden Klimas, das dem direkten Einfluss des Golfstroms zu verdanken ist, leben lediglich 650 Menschen auf der Inselgruppe – alle auf der Insel Røstlandet. Ein Stückchen weiter nördlich erkennt man die bis zu 400 Meter hoch aufragende Insel Værøy. Zwischen Værøy und der zu den Hauptinseln der Lofoten zählenden Moskenesøya verläuft der ge-

fürchtetste aller Gezeitenströme, der Moskenesstraumen. Mit fast zehn Knoten presst sich hier das Meer durch eine vier Kilometer breite Enge und befördert bei jedem Gezeitenwechsel Millionen Kubikmeter Wasser. Man kann sich kaum vorstellen, dass sich durch diese Wasserhölle kleine Fischerboote ihren Weg bahnen. Der Strom kann selbst großen Schiffen gefährlich werden, insbesondere dann, wenn Sturm und Gezeiten entgegengesetzt wirken. Edgar Allan Poe und Jules Verne haben dem »gefährlichsten Strudel der Welt« literarische Denkmäler gesetzt.

Das Panoramadeck auf dem Schiff füllt sich mehr und mehr. Wir starren wie gebannt auf die immer näher kommende Lofotenwand im Norden. Die zackigen, schneebedeckten Gipfel erstrecken sich über 100 Kilometer von Süd nach Nord. Wie ein gigantisches Bollwerk aus Stein und Fels, Eis und Schnee ragen die Berge in den arktischen Himmel. Ein unvergesslicher Anblick.

DER STOCKFISCH – DAS GOLD DER LOFOTEN

Die heute mittels Brücken und Tunnel verbundene Inselkette hat ihren Ruhm in erster Linie einem Fisch zu verdanken – dem Kabeljau. Schon im 12. Jahrhundert fuhren von hier aus Schiffe bis nach Bergen, um den Dorsch gegen andere Waren einzutauschen. In den Fünfzigerjahren des letzten Jahrhunderts zogen noch mehr als 20 000 Fischer aus ganz Norwegen 116 000 Tonnen Fisch aus den Lofotengewässern. Diese Zeiten sind jedoch längst vorbei. Heute kommen in den Wintermonaten zwischen Januar und März nur noch etwa 2000 Fischer, die in einem guten Jahr höchstens 20 000 Tonnen Fisch fangen. Die Überfischung des Ka-

Die »Nordlys« stampft durch den Hadselfjord, der die Lofoten von den Vesterålen Inseln trennt. Im Hintergrund die Berge der Lofotenwand. (linke Seite)
Ein prächtiger Regenbogen spannt sich über den Himmel bei Svolær. (rechts)

beljaus hat auch hier ihre Wirkung gezeigt. Trotz der rückgängigen Fischbestände leben die 25 000 Einwohner der Lofoten auch heute noch überwiegend vom Fischfang. Zwischen Januar und März liegen die kleinen Fischkutter in den Dörfern der vier Hauptinseln Moskenesøya, Flakstadøya, Vestvågøya und Austvågøya dicht an dicht. Der Fang wird wie früher auf großen Holzgerüsten getrocknet. Dem Dorsch wird der Kopf entfernt, dann werden immer zwei Fische Schwanz an Schwanz festgebunden und über das Gestell gehängt. Von den 20 000 Tonnen gefangenem Kabeljau werden mehr als die Hälfte zu Trockenfisch verarbeitet. Drei Monate bleibt der Fisch hängen. Dabei verliert er bis zu 70 Prozent Wasser, was zur Folge

Die mächtige Lofotenwand im Licht der Mitternachtssonne. (oben)

Eine Schlechtwetterfront zieht auf die Lofoten zu. In den nächsten zwei Tagen wird es beinahe ununterbrochen regnen. (unten)

hat, dass der Fisch steinhart wird. Während die Südnorweger den Stockfisch abschätzig als »Nordnorwegischen Kaugummi« bezeichnen, sind es insbesondere die Italiener und Franzosen, die den Fisch in ihr Herz oder besser gesagt, ihren Gaumen geschlossen haben. Wer die Lofoten zwischen Januar und Juni besucht, der wird in fast jedem kleinen Dorf die Stockfischgerüste bewundern können. In diesen Monaten hängt an windstillen Tagen ein für manche empfindliche Nasen nicht unbedingt angenehmer Geruch über den Dörfern.

Für die Lofoten wird der Tourismus als Wirtschaftsfaktor immer wichtiger. Die grandiose Szenerie mit glasklaren Seen, schroffen, fast unwirklich anmutenden Bergen, traumhaft schönen

Nach mehreren Regentagen zeigt sich endlich wieder die Sonne. (oben)
Nicht überall zeigen sich die Lofoten von ihrer wilden, unwirtlichen Seite. Im Süden und Westen gibt es auch Landstriche mit geradezu lieblichem Charakter. (unten)

Stränden und Fjorden und idyllischen Fischerdörfern zieht immer mehr Gäste aus aller Welt an. Temperaturen, die dank des Golfstromes im Durchschnitt um bis zu 24 Grad wärmer sind als irgendwo sonst auf diesem Breitengrad, schaffen zusätzlich ideale Voraussetzungen für den Tourismus. Heute werden die berühmten Rorbuer, Fischerhütten, die auf Stelzen über dem Wasser gebaut sind und früher den Fischern aus ganz Norwegen als Unterkunft dienten, an Touristen vermietet. Viele Fischerfamilien könnten ohne die zahlungskräftige Kundschaft aus aller Welt gar nicht mehr überleben.

EINE LOFOTENRUNDFAHRT

Das nordgehende Hurtigruten-Schiff legt am frühen Abend im Hafen von Stamsund an. Mit 1400 Einwohnern ist der Ort einer der größten auf den Lofoten. Im Vergleich zum idyllischen Reine oder schicken Henningsvær wirkt der Ort ein wenig steril. Eine Fischverarbeitungsfabrik und eine Lebertranfabrik sind alles, was das Städtchen zu bieten hat. Wer kann, sollte in Stamsund aussteigen, um die einzigartige Inselwelt näher kennen zu lernen. Die Lofoten sind alleine schon eine Reise wert, und es ist ohne Probleme möglich, hier seinen gesamten Urlaub zu verbringen. Wer also schon mal »hier oben« ist, der sollte zumindest eine Woche Zeit mitbringen.

Die Postkartenmotive gibt es im Süden der Insel Moskenesøyå. Hier reihen sich die Bilderbuch-Fischerdörfer wie Perlen an einer Schnur: Reine, Moskenes, Sørvågen, Å ... Also machen wir uns auf Richtung Süden. Von Stamsund auf Vestvågøya geht es auf die 817, die nach wenigen Kilometern auf die 815 stößt. Die Straße führt mitten ins Herz der mit 422 Quadratkilometern größten Lofoteninsel, wo sie bei Leknes, dem Verwaltungszentrum der Insel, auf die Europastraße 10 trifft. Auf Vestvågøya dominiert, man mag es kaum glauben, die Landwirtschaft. Hier befindet sich das bedeutendste landwirtschaftliche Zentrum Nordnorwegens. Auf satten grünen Wiesen weiden überall Kühe. Ein Szenario, das eher an die Alpen erinnert, als an eine Insel im hohen Norden. Der Nappstraumentunnel verbindet die Inseln Vestvågøya mit der südlicher gelegenen Insel Flakstadøya. Die Straße führt nun ganz dicht an den zackigen, schroffen Bergen vorbei. Wir umrunden den grün und blau schimmernden Vareifjord, der uns mit seinen weißen Sandstränden ein wenig an die Südsee erinnert. Eine Stichstraße zweigt zum berühmten Nusfjord ab. Hier ist am Ende der Straße ein komplett aus dem 19. Jahrhundert erhaltenes Fischerdorf zu bewundern. Das Dorf ist für die World Heritage List der UNESCO vorgeschlagen. Touristen haben hier die Möglichkeit, in einer wahren Traumlage in einer der Fischerhütten zu übernachten.

Zurück geht es auf die E 10. Über eine Brücke gelangt man auf die Insel Moskenesøya. Weiter geht es direkt an der Küste entlang Richtung Süden. Dann tauchen sie nacheinander auf: Hamnøy, Reine, Sørvågen, Å – die schönsten Fischerdörfer in ganz Norwegen. Rote und blaue Holzhäuser schmiegen sich an die dunklen, schroffen und zackigen Gipfel. Spätestens jetzt wird einem bewusst, warum die Lofoten zu den Juwelen Norwegens gehören. In jedem Ort sind die riesigen, hölzernen Gerüste mit Stockfisch bedeckt. Fischgeruch weht in die Nase. Man ist angekommen in Norwegen. Die Fischerorte Hamnøy und Reine breiten sich auf mehreren durch Brücken mit dem Festland verbundenen Schären aus. Insbesondere das Fischerdörfchen Reine bietet Lofotenmilieu par excellence. Die E 10 ist in Reine aber noch nicht an ihrem Endpunkt angelangt. Wer wirklich

Geradezu winzig wirkt das Hurtigruten-Schiff in der Fjordlandschaft. Hier fährt es in den Toppsund ein. (links)
Die »Trollfjord« auf der Fahrt durch den nur wenige hundert Meter breiten und 30 km langen Raftsund. (unten)

bis zum Ende fahren will, der hat noch ein paar wenige Kilometer vor sich. Zuerst gelangt man nach Moskenes. Hier legen die Fährschiffe aus Bodø an. Dann kommt man nach Sørvågen und schließlich nach Å. Å markiert den Endpunkt der E 10. Sehenswürdigkeit Nummer eins ist hier, neben der traumhaften Landschaft, das norwegische Fischereisiedlungsmuseum aus dem 19. Jahrhundert, das aus 23 Gebäuden besteht. Hier, am südlichen Zipfel der Lofoten, bieten sich derart viele Outdoor- und Erholungsmöglichkeiten, dass einem längeren Aufenthalt nichts im Wege stehen sollte. Am besten bleibt man einfach ein paar Tage, wandert, fischt, besucht die kleinen Inseln um Røst und Værøy oder genießt bei einem guten Stockfisch die wunderschöne Landschaft.

Wir machen uns wieder auf Richtung Norden – immer der E 10 entlang. Bei Leknes auf Vestvågøya zweigen wir jedoch nicht auf die 815 nach Stamsund sondern bleiben auf der E 10. Die Straße führt an Buchten und Sandstränden vorbei, die zum Baden und spazieren gehen geradezu einladen. Der durch eine Klippe geteilte Strand von Haukland zählt zu den schönsten Stränden auf den Inseln – er bietet richtiges Südseeambiente nördlich des Polarkreises. Die Fahrt geht weiter. Wir kommen nach Borge. Hier ist eine der touristischen Hauptattraktionen der Insel zu bewundern: das Lofotr Wikingermuseum. Wissenschaftler haben hier das mit 83 Metern Länge größte je gefundene Langhaus aus der Wikingerzeit ausgegraben und originalgetreu wieder nachgebaut. Neben dem Langhaus ist auch noch das Wikingerschiff »Lofotr« zu bewundern, der originalgetreue Nachbau des Gokstadschiffes, das im Osloer Wikingermuseum zu sehen ist.

Die E 10 führt nun über die Sundklakkstraumenbrücke auf die Insel Austvågøya. An der felsigen Ostküste der Insel fahren wir bis zur Abzweigung auf die 816. Diese kleine, enge Stichstraße bringt uns bis an den Südzipfel von Austvågya, dem der Henningsvær Archipel vorgelagert ist. Von der Straße aus ergeben sich immer wieder traumhaft schöne Blicke auf die unzähligen kleinen Inseln der Henningsværtraumen. Bei klarem Wetter kann man sogar bis hinunter nach Værøy sehen. Die Straße ist in den Fels gesprengt und zwängt sich durch meterhohe Felstrümmer. Drei Bogenbrücken müssen sozusagen »überwunden« werden, dann ist man in Henningsvær angekommen. Der Ort zählt lediglich 500 Einwohner. Trotzdem kann Henningsvær als das berühmteste Fischerdorf der Lofoten bezeichnet werden. Im Winter zwischen Januar und März liegen hier hunderte von Trawlern vor Anker, alle auf der Jagd nach Kabeljau. Auf unzähligen Postkarten ist dieses jährliche Spektakel zu bewundern. Aber auch im Sommer liegen hier stets ein paar Fischkutter im Hafen und sorgen für bunte Farbtupfer. Bei schlechtem Wetter bietet sich ein Besuch der Lofotens Hus Galleri an. Insbesondere die beiden Diashows »das magische Inselreich« sowie »Seeadlerland« des Fotografen Karl Erik Harr sind absolut zu empfehlen.

Zurück auf die E10 Richtung Svolvær, der mit 4500 Einwohnern größten Stadt auf den Lofoten. Dort angekommen hat man die Möglichkeit, wieder auf eines der Hurtigruten-Schiffe zu steigen. Das nach Norden fahrende Hurtigruten-Schiff erreicht den Ort am späteren Abend, das nach Süden gehende legt ein paar Stunden früher am Hafen an. Auch wer nur die kurze Zeit Liegezeit des Schiffes zur Verfügung hat, der sollte unbedingt einen kleinen Spaziergang durch den Ort machen.

Ein Fischerboot im Raftsund. (links)

Ein typisch norwegisches Haus auf den Lofoten. (Mitte)

Die 33 m hohe Hadselbrücke führt über den Långøysund und verbindet die Vesterålen Inseln Hadseløya und Langøya. (rechts)

Reine ganz im Süden der Lofoteninsel Moskenesøya gehört sicherlich zu den schönsten Orten auf der gesamten Inselkette. (rechte Seite)

Schon die Lage der Stadt ist traumhaft. Auf einem Gewirr von Schären, Inseln und Halbinseln hat sich der Ort ausgebreitet, in seinem »Rücken« erheben sich bis zu 700 Meter hohe, »wild-gezackte« Berge. Den schönsten »Postkartenblick« über den Ort auf die Berge bietet der kleine Hafen. Im Winter liegen hier unzählige kleine Fischkutter, im Sommer flanieren Einheimische und Touristen an den Holzstegen entlang oder entspannen sich bei einer Tasse Kaffee in einem der netten Restaurants direkt am Pier. Empfehlenswert ist auch der Besuch des Rica Hotels, das auf einer kleinen Insel im Hafen liegt. Auf einer wunderschönen Holzterrasse genießt man den Blick auf den Hafen und kann dabei die ein- und auslaufenden Fischerboote beobachten.

Wer ohne eigenes Auto reist, der sollte auf der nach Süden verlaufenden Route den Landausflug nach Stamsund wahrnehmen, um wenigstens einen Teil der oben beschriebenen Lofoten-Highlights zu erleben.

Das Hurtigruten-Schiff hat gerade den engen Toppsund verlassen und nähert sich der Stadt Harstad. (linke Seite)
Manche Strände auf den Lofoten erinnern an die Südsee. (links)
In der Nacht steuert das Schiff den Risøysund an, der die Inseln Andøya und Hinnøya trennt. (rechts)

DURCH DEN RAFTSUND ZUM TROLLFJORD

Die Schiffspassage, die nun nordgehend folgt, zählt zu den Höhepunkten der ganzen Reise – die Fahrt durch den Raftsund. Nur wenige hundert Meter breit und 30 Kilometer lang ist der Sund, der die Lofoten-Inseln von den Vesterålen trennt. Das Boot gleitet durch türkisfarbenes Wasser, rechts und links erheben sich die Berge der Lofotenwand bis zu 1100 Meter in den Himmel. Auf der Nordstrecke wird der Raftsund in der Nacht passiert, so dass die meisten Passagiere dieses Highlight erst einmal verschlafen. Aber keine Sorge, auf der Fahrt nach Süden steht der Raftsund nachmittags auf dem Programm.

Darüber hinaus machen die Schiffe in den Sommermonaten noch einen Abstecher in den sagenumwobenen Trollfjord, einem spektakulären Nebenfjord des Raftsundes. Für viele Passagiere ist der Trollfjord der Höhepunkt der gesamten Reise, und es bieten sich hier wahrlich atemberaubende Blicke auf die über 1000 Meter hohen, steil in das Meer abfallenden Berge. Der Fjord ist nur zwei Kilometer lang und dabei streckenweise gerade mal 100 Meter breit. Nur bei schönem Wetter wagen sich die Hurtigruten-Schiffe hier hinein. Am Ende des Fjordes muss das Schiff auf der Stelle drehen, um wieder herauszukommen. Es gibt keinen Streckenabschnitt auf den gesamten Hurtigruten, wo man Bergen und Felsen so nahe kommt wie hier. Nicht einmal der so berühmte Geirangerfjord im Süden kann es mit diesem phantastischen Fjord aufnehmen. Die Menschen auf dem überfüllten Panormadeck stehen mit offenem Mund vor diesem Naturspektakel, die Kameras surren ...!

Wer nordgehend mit dem eigenen Auto unterwegs ist, der sollte dem Hurtigruten-Schiff noch nicht wieder in Svolvær zusteigen. Raftsund und Trollfjord werden erst südgehend bei Tageslicht durchfahren – es entgeht einem also nichts. Von Svolvær empfehle ich einen Abstecher auf die eher unbekannte Westseite der Inselkette. Von der E 10 zweigt etwa 20 Kilometer nördlich von Svolvær eine kleine Straße Richtung Westen ab. Vorbei an glasklaren Gebirgsseen führt die Straße an die eher sanfte Westküste der Inselkette. Die Landschaft ist hier weitläufiger, lieblicher. Vom Meer aus erstrecken sich weite, grüne Wiesen bis zu den Bergen. Hier ist sogar Golfspielen möglich. Wer in den Monaten Mai, Juni, Juli unterwegs ist, der kann vom Strand aus wunderbar die Mitternachtssonne genießen. Kein Berg versperrt die

Sicht. Kaum ein Tourist verirrt sich hierher, ein Geheimtipp für all diejenigen, die dem Trubel im Süden und Osten der Insel entfliehen wollen. Wieder auf der E 10 geht es durch spektakuläre Gebirgslandschaft nach Fiskebøl. Hier steigt man auf die Autofähre über den Hadselfjord und ist in 45 Minuten in Melbu auf der Vesterålen Insel Hadseløya.

AUF DEN VESTERÅLEN-INSELN

Wie vorher die Lofoten sind auch die Vesterålen zu schade, um einfach schnell durchzufahren. Die Inselgruppe ist weitläufiger, weniger spektakulär aber nicht minder schön als die Lofoten. Hier fehlen die zackigen Berge, man findet eher runde Kuppen, weite Moorgebiete und wunderschöne Sandstrände. 33 000 Menschen leben auf den durch Brücken verbundenen Inseln.

Wer mit dem Auto in Melbu landet, der erreicht nach 20 Minuten Fahrt den Ort Stokmarknes, – Anlegehafen und Geburtsort der Hurtigruten. Im 1993 eröffneten Hurtigruten-Museum kann sich der Besucher auf drei Etagen anhand von Gemälden, Schiffsmodellen, historischen Filmen und einer Diashow über die legendäre Schifffahrtslinie informieren, die hier im Jahre 1881 ihren Anfang genommen hat. Vor dem Museum liegt das alte Hurtigruten-Schiff »M/S Finnmarken«, das 1956 erbaut und 1999 vollständig restauriert wurde. Eine weitere Attraktion des Ortes ist die 33 Meter hohe Hadselbrücke, die über den Långøysund auf die Nachbarinsel Langøya führt. Von der Brücke aus lassen sich die ein- und ausfahrenden Schiffe der Hurtigruten wunderbar beobachten. Von Langøya ergeben sich nun prachtvolle Blicke über den Hadselfjord auf die Berge der Lofotenwand. Im Juni und Juli, zur Zeit der Mitternachtssonne, ist es ein Erlebnis, das Schiff der nach Norden verlaufenden Route vom Ufer aus zu beobachten, wie es sich aus dem Raftsund kommend seinen Weg über den Hadselfjord bahnt. Im Hintergrund leuchtet die noch schneebedeckte Lofotenwand im orangen Licht der tief stehenden Sonne – ein wahrlich beeindruckender Anblick.

Das nordgehende Hurtigruten-Schiff macht sich nach einem kurzen Aufenthalt in Stokmarknes wieder auf in den Hadeselfjord. Beinahe wäh-

Das Licht der Mitternachtssonne taucht den Toppsund in schönstes Orange. (linke Seite)
Die schneebedeckten Berge der Lofotenwand spiegeln sich in einem kleinen See auf der Insel Langøya. (unten)

rend der ganzen Fahrt nach Sortland, dem nächsten Anlegehafen, hat man im Süden die Lofotenwand im Blickfeld. Da die nach Norden führende Route diese Passage nachts passiert, werden die meisten Passagiere diese Blicke versäumen und erst auf der Fahrt in den Süden in diesen Genuss kommen. Dann ist Sortland erreicht. Die 4400 Einwohner zählende Stadt liegt sehr schön am Ende des Hadselfjordes, mit Blick auf den Nordrand der Lofoten. Die meisten Passagiere der südgehenden Route sind jedoch damit beschäftigt, die schnittigen Boote der norwegischen Küstenwache zu bewundern, die hier im Hafen liegen. Sortland ist das Hauptquartier der norwegischen Küstenwache.

Weiter geht es unter der 961 Meter langen Sortlandbrücke hindurch, die die Inseln Langøya und Hinnøya miteinander verbindet. Das Schiff passiert bald den Risøysund, der zwischen den Inseln Hinnøya und Andøya verläuft. Die so genannte Risøy-Rinne wurde auf viereinhalb Kilometer Länge ausgebaggert und 1922 eingeweiht. Bis dahin mussten die Schiffe südlich der Vesterålen-Insel Hinnøya den Tjeldsund passieren, so dass fast die gesamte Inselgruppe der Vesterålen »außen vor« blieb und dadurch nicht vom Hurtigruten-Verkehr profitieren konnte.

Zwei Stunden nach dem Auslaufen in Sortland ist der kleine Ort Risøyhamn auf Andøya erreicht. Hier empfiehlt es sich wieder, das Schiff zu verlassen, um die schönste und einsamste der Vesterålen-Inseln, Andøya, ein wenig näher zu erkunden. Von Risøyhamn verläuft die Straße 82 immer an der Ostküste der Insel entlang fast schnurgerade Richtung Norden. Etwa zehn Kilometer vor Andenes zweigt die Straße ab ins Landesinnere. Hier erinnert nichts mehr an spektakuläre Fjorde und zackige Berge. Die Landschaft gleicht eher dem Norden der Finnmark. Ausgedehntes Moorgebiet und kleine Sträucher bestimmen das Landschaftsbild. Erst wenn man nach wenigen Kilometern die Westküste der Insel erreicht und das Meer sieht, ist man sich wieder sicher, auf einer Insel der Vesterålen zu sein. Im äußersten Norden liegt das Fischernest Andenes. Hier besteht die Möglichkeit, an einer Walsafari teilzunehmen. Das Gebiet ist ein guter Platz, um Pottwale zu beobachten. Der Pottwal, einer der größten Vertreter der Zahnwale, kann bis zu 20 Meter lang und bis zu 60 Tonnen schwer werden. Zwischen Mai und September werden hier täglich vier- bis fünfstündige Fahrten angeboten. Sollte man in dieser Zeit keinen Wal zu Gesicht bekommen, dann kann man die Tour am folgenden Tag kostenlos wieder-

holen. An Schlechtwettertagen lohnt sich der Besuch des berühmten Leuchtturms von Andenes oder ein Abstecher ins Polarmuseum. Etwa 30 Kilometer südlich von Andenes, beim kleinen Ort Nordmela, kommen Vogelfreunde auf ihre Kosten. Basstölpel und Papageientaucher haben an den nahen Vogelfelsen ihre Brutgebiete.

Zurück geht es aufs Schiff. Von Rissøyhamn aus nimmt das Boot Kurs Richtung Osten. Nach einer unruhigen Strecke auf offenem Meer gelangt das Schiff in den Toppsund, der die Vesterålen-Insel Hinnøya von der Insel Grytøya trennt. Der Sund ist zwar nicht so spektakulär wie zum Beispiel der Raftsund auf den Lofoten aber doch von ganz besonderem Reiz. Bis zu 1000 Meter erheben sich die felsigen Berge der Insel Grytøya in den Himmel und fallen fast senkrecht in den Sund ab. An schönen Tagen ist der Sund ein »Muss« für das Panoramadeck.

Die Hurtigruten führen nun nach Harstadt am Ende des Toppsundes. Die »Metropole« mit 23 000 Einwohnern ist durch die reichen Fischfangjahre des 19. Jahrhunderts zu Wohlstand gekommen. Heute ist die Stadt neben Tromsø wichtigstes Handels- und Verkehrszentrum des Bezirks Troms. Fischverarbeitung und Schiffsbau sind hier die wichtigsten Wirtschaftszweige. In Zukunft wird aber vor allem das Erdöl die zentrale Rolle für die Stadt spielen. Schon heute profitieren die Menschen von den Erdölförderungsaktivitäten vor der nordnorwegischen Küste. Mehrere Ölgesellschaften haben sich bereits in der Stadt angesiedelt und schaffen neue Arbeitsplätze. Leider ist die Liegedauer der Schiffe einfach zu kurz, um das schöne Zentrum der Stadt näher zu besichtigen. Natürlich lohnt es sich auch hier, das Hurtigruten-Schiff für ein oder zwei Tage zu verlassen, um die Stadt und die nähere Umgebung zu erkunden. Wer die Zeit hat, der sollte unbedingt der kleinen Straße nach Kasfjord folgen und dann weiter die wunderschöne Passstraße nach Ytre Elgsnes fahren. Von der Passstraße hat man an klaren Tagen einen traumhaften Blick über den Toppsund auf die Insel Grytøya.

Das Schiff macht sich weiter auf Richtung Norden. Langsam gleitet es in nordöstlicher Richtung den breiten Vågsfjord hinauf, bis Norwegens zweitgrößte Insel ins Blickfeld kommt – Senja.

Blick von der Insel Hinnøya über den Toppsund hinweg auf die Berge der Insel Grytøya. (linke Seite)

Die Ebbe hat einen kleinen Tümpel geschaffen, in dem sich die Berge der Insel Hadseløya spiegeln. (unten)

Kurz vor Mitternacht auf der Vesterålen Insel Langøya: Wie Glühbirnen leuchten die Blüten des Wollgrases im Licht der tief stehenden Sonne.

Das Licht der Mitternachtssonne entfaltet seine ganze Dramatik. Eine Schlechtwetterfront zieht über den Atlantik auf die Inselkette der Lofoten zu.

Es sind die wilden, zackigen Berge der Lofoten, die uns so in ihren Bann ziehen. Die Lichtstrahlen streiften die Gipfel der Berge lediglich für ein paar Minuten, dann schloss sich die Wolkendecke wieder und es begann zu regnen.

Im kleinen Fischerdorf Reine werden allerlei Fischspezialitäten der Region angeboten. (links oben)

Stockfisch, luftgetrockneter Kabeljau, gilt als die Spezialität der Lofoten. (oben)

Ab Februar sind die Holzgerüste in den Dörfern der Lofoten voll behangen mit Kabeljau – Fischgeruch liegt über den Dörfern. (links)

Am Abend liegt ein Fischerboot malerisch im Långøysund auf der Vesterålen Insel Lånøya. Am nächsten Tag frühmorgens beginnt der harte Alltag der Fischer von neuem. (rechte Seite)

ÜBER DAS NORDKAP AN DIE NORWEGISCH-RUSSISCHE GRENZE

Von Harstadt nach Kirkenes

Das Schiff nähert sich Senja, der mit 1590 Quadratkilometer zweitgrößten Insel Norwegens. Der Vågsfjord geht in den Tranøyfjord über, der schließlich in den Solbergfjord mündet. Die Fahrrinne wird nun immer schmaler. Bald sind die gewaltigen Berge im Norden der Insel zu erkennen. Im Süden der Insel liegt der Nationalpark Åndernalen mit riesigen Kiefern und einer vielseitigen Tier- und Pflanzenwelt. Wie die Lofoten und Vesterålen-Inseln bietet auch Senja landschaftlich so viel, dass es eigentlich schade ist, nur daran vorbeizufahren. Die eher liebliche Ostseite mit großen landwirtschaftlichen Anbauflächen steht im krassen Gegensatz zur wilden, dem offenen Meer zugewandten Westseite, wo Fischerei die Lebensgrundlage der Bewohner darstellt.

Morgenrot über einem der vielen, namenlosen Seen in der nördlichen Finnmark.

Das Hurtigruten-Schiff gleitet in den engen Gisund, der die Insel Senja vom Festland trennt. Über dem Sund erhebt sich majestätisch die 1150 Meter lange Gisund-Brücke, eine der längsten Pfeilerbrücken Europas. Am Brückenkopf auf dem Festland liegt der kleine Ort Finnsnes – der nächste Anlaufhafen. Das Städtchen mit seinen 5000 Einwohnern ist ein wichtiges Handelszentrum des Bezirks und idealer Ausgangspunkt für Exkursionen auf die Insel Senja. Die Liegezeit des Schiffes beträgt leider nur 30 Minuten, zu kurz um den Ort ein wenig zu erkunden. Schon geht es weiter Richtung Norden.

NACH TROMSØ – DEM »PARIS DES NORDENS«

Das Schiff passiert den Malangerfjord, wo sich vor 1000 Jahren wahrscheinlich die Nordgrenze Norwegens befand. Im Norden erscheint nun die Insel Kvaløya. Zwischen der Insel und dem Festland durchquert das Schiff den Rystraumen, den schnellsten Gezeitenstrom der ganzen Reise. Er erreicht eine Geschwindigkeit von bis zu sechs Knoten, ein schweres Hindernis für die Hurtigruten-Schiffe. Auf dem Festland ragen die schneebedeckten Berge 1200 Meter in den Himmel. Von weitem sind die ersten Umrisse von Tromsø zu erkennen, der kleinen Metropole nördlich des Polarkreises.

Tromsø, die Hauptstadt der Nordkalotte, das Tor zum Eismeer, das Tor zur Arktis, das Paris des Nordens – die Stadt hat viele Namen. Zum Glück hat das nordgehende Hurtigruten-Schiff hier mehrere Stunden Aufenthalt und so bietet es sich an, die Stadt ein wenig näher zu erkunden. Wer die Möglichkeit hat, der kann in Tromsø das Hur-

Die »Nordkapp« verlässt den Hafen von Tromsø, passiert die Tromsøbrua und macht sich auf in den Grøtsund.

tigruten-Schiff auch mehrere Tage verlassen, die Stadt in Ruhe besichtigen und die traumhaft schöne Umgebung bewundern.

Tromsø, mit 60 000 Einwohner größte Stadt des hohen Nordens, liegt auf einer Insel mitten im Balsfjord. Um 1250 n. Chr. von König Håkon Håkonsson gegründet, erhielt der Ort 1794 Stadt- und Handelsrechte. Schon früh war Tromsø wichtiger Ausgangspunkt für Fahrten in den Norden. Bereits 1820 startete von hier das erste Fangschiff, um in den Gewässern vor Spitzbergen Jagd auf Wale, Robben und Walrosse zu machen. Insbesondere der Robbenfang entwickelte sich zum wichtigen Wirtschaftszweig. Die Stadt war Ausgangspunkt großer Polarexpeditionen. Fridtjof Nansen und Roald Amundsen starteten von hier ihre Nordlandexpeditionen. Und auch heute nehmen die meisten Expeditionen in die nördlichen Polarregionen hier ihren Anfang. Vom Flughafen Tromsø wird die Verbindung zum »norwegischen Außenposten«, der Insel Spitzbergen, gehalten.

Das moderne Tromsø ist noch immer eine Schifffahrts- und Fischereistadt, doch hat es sich gleichzeitig zu einem wichtigen Handels- und Dienstleistungszentrum gemausert. Tromsø ist im Zweiten Weltkrieg von Zerstörungen weitgehend verschont geblieben, und so hat sich das historische Erscheinungsbild der Stadt größtenteils erhalten. Die 4000 in der »nördlichsten Universität der Welt« eingeschriebenen Studenten halten die Stadt jung und modern. Die Vielzahl von kulturellen Veranstaltungen, Restaurants, Pubs und Discos brachte der Stadt den Spitznamen »Paris des Nordens« ein.

Der Besucher, der nur wenige Stunden Zeit hat, sollte an klaren Tagen auf jeden Fall mit der Seilbahn auf den 420 Meter hohen Storsteinen fahren. Von dort hat man einen wunderbaren Blick

Von der Tromsøbrua hat man einen schönen Blick auf die 60 000-Einwohner-»Metropole« Tromsø. (oben)

Die »Richard With« liegt im winterlichen Hafen von Hammerfest, der »nördlichsten Stadt der Welt«. (unten)

auf die Stadt und die umliegenden mächtigen Fjorde und Berge. Der Gipfel des Storsteinen ist auch Ausgangspunkt für eine Vielzahl von Wanderungen in die nordische Bergwelt. Wem das zu viel ist, der kann auch einen Spaziergang auf die 1036 Meter lange und 38 Meter hohe Tromsøbrua machen, die die Insel Tromsøya mit dem Festland verbindet. Auch von dort hat man einen schönen Blick auf die Stadt. Wenn man schon einmal auf der Brücke steht, dann ist der Weg zur berühmten Eismeerkathedrale nicht mehr weit. Direkt am Brückenkopf erhebt sich die Kirche, deren äußere Form an die mächtigen Trockenfisch-Gestelle erinnert, die man schon von den Lofoten kennt. Auch Polarnacht, Mitternachtssonne und Nordlicht sollen symbolisch in der Architektur zu erkennen sein.

Bei schlechtem Wetter bietet sich ein Besuch der vielen Museen an. Im neuen Erlebniszentrum Polaria sind die Barents-Region und das nördliche Polargebiet das Hauptthema. Außerdem wird noch ein äußerst sehenswerter Film über Spitzbergen gezeigt. Direkt im Zentrum dokumentiert das Polarmuseum die zahlreichen Expeditionen, die in Tromsø ab 1820 starteten, wobei die beiden großen Arktisreisenden Nansen und Amundsen im Mittelpunkt stehen. Vier Kilometer außerhalb des Zentrums informiert das Tromsø-Museum in mehreren Abteilungen über Geologie, Flora und Fauna des Landes. Eine Abteilung ist der Urbevölkerung, den Samen gewidmet. Wer einfach nur entspannen will, dem bieten die vielen kleinen Cafés und Pubs am Hafen genügend Möglichkeiten. Nach drei Stunden bläst das Horn wieder zur Abfahrt.

WEITER RICHTUNG NORDEN

Das Hurtigruten-Schiff verlässt den Hafen der letzten Großstadt vor dem Nordpol. Langsam geht es unter der mächtigen Tromsøbrua hindurch in den Grøtsund. Nördlich von Tromsø schützen im Westen die Inseln Ringvassøy, Reinøy, Vanna und Arnøy die Fahrrinne vor dem offenen Eismeer. Im Osten tauchen die Lyngen-Alpen auf, die Alpen Nord-Norwegens. Die Bergkette zählt zu den größten Attraktionen der Nordwestküste. 100 Kilometer lang und bis zu 1800 Meter hoch ist dieses Gebirge, das im Westen vom Ullsfjord und im Osten vom Lyngenfjord begrenzt wird. Die Berge sind im Sommer ein Paradies für Bergsteiger. Weit draußen im Westen und nur mit dem Fernglas einigermaßen zu erkennen, liegt die Vogelinsel Fugløya. Das Eiland ist Heimat einer der größten Seevögelkolonien des Landes. Das Schiff »zwängt« sich bald durch den engen Kågsund, der die Inseln Arnøy und Kågen trennt. Vom Schiff aus genießt man einen schönen Blick auf die bis zu 1200 Meter hohen Berge der beiden Inseln. Dann ist der Ort Skjervøy erreicht. Das 2400-Seelen-Nest liegt in einer geschützten Hafenbucht und ist heute per Unterseetunnel und Brücke von der E 6 sogar mit dem Auto zu erreichen. Das Schiff nimmt kurz Ladung auf und nach 30 Minuten geht es weiter.

Die »Richard With« hat gerade einen Schneesturm durchfahren, plötzlich spitzt die Sonne wenige Minuten durch die tief hängenden Wolken. (linke Seite)

Die bis zu 1800 Meter hohen Lyngen-Alpen spiegeln sich im gleichnamigen Fjord. (links)

Nur ein paar Kilometer nördlich der »Metropole« Tromsø beginnt sie wieder, die norwegische Einsamkeit. (rechts)

AN DER KÜSTE DER FINNMARK ENTLANG

Während der Nacht passiert die nordgehende Route die Grenze der Finnmark, Norwegens nördlichster und einsamster Provinz. Die Finnmark umfasst eine Fläche von 48 000 Quadratkilometern. Auf dieser Fläche leben jedoch nur 73 000 Menschen. Damit ist die Finnmark eine der am dünnsten besiedelten Regionen in ganz Europa. Die größte Stadt ist Alta mit etwa 17 000 Einwohnern, gefolgt von Kirkenes mit 10 000 Bewohnern.

IM LAND DER SAMEN

Die Finnmark ist auch das Land der Samen. In Kautokeino und Karasjok, in der inneren Finnmark, haben sie ihre kulturellen Zentren. Heute leben etwa 15 000 Samen in der Provinz. Während früher die Rentierhaltung ihren Haupterwerbszweig bildete, sind die meisten Samen heute in »ganz normalen« Berufen tätig. Nur etwa 10 Prozent der Samen leben noch allein von der Rentierhaltung.

Natürlich bildet die Arbeit mit den Rentieren immer noch ein wichtiges Element der Kultur, doch haben sich die Zeiten grundlegend geändert. Zu große Rentierherden zerstören die empfindliche Natur in der Finnmark. Das Überangebot an Rentierfleisch hat die Preise auf den Märkten sinken lassen, so dass ein Auskommen fast unmöglich geworden ist. Heute werden sogar Massenschlachtungen erwogen, um das Überangebot abzubauen. Auch ist die Katastrophe von Tschernobyl Mitte der achtziger Jahre nicht spurlos an den Samen und ihren Rentieren vorbeigegangen. Große Mengen radioaktiven Niederschlags ergossen sich über Lappland und verseuchten den Boden nachhaltig. Die Rentiere nahmen über die Nahrung die Strahlung auf. Das Fleisch wurde zum Sondermüll.

Lange Zeit war es die eigene Regierung, die die Urbevölkerung unterdrückte. Die Kultur der Samen wurde noch Anfang des 20. Jahrhunderts als rückständig betrachtet. Die Samen mussten Norwegisch statt Samisch lernen. Wichtige Elemente der Kultur, wie die Ausübung des Schamanismus, wurden verboten. Heute sind viele junge Samen in die norwegische Gesellschaft integriert und leben in den großen Städten im Süden Norwegens. Die Städte Karasjok und Kautokeino in der inneren Finnmark sind die wichtigsten Zentren der samischen Kultur in Skandinavien. Die Samen sind heute mit neuem Selbstbewusstsein ausgestattet. In Karasjok steht seit dem Jahr 1989 das samische Parlament, das viermal im Jahr zusammenkommt, um wichtige Anliegen der samischen Kultur zu erörtern.

In Kautokeino wurde das Nordik Samik Institut gegründet, das sich mit der samischen Kultur auseinander setzt. Im selben Ort treffen sich zu Ostern Samen-Familien aus der ganzen Umgebung, um eine Woche lang in ihren prächtigen, bunten Gewändern kulturelle Veranstaltungen und Feste abzuhalten.

Auch wenn viele Samen die Rentierzucht nur noch nebenberuflich ausüben, im September, der Zeit der großen Rentiermarkierungen, werden die alten Zeiten noch einmalig gegenwärtig. Die Rentiere werden mit Hilfe von Tundrabuggys und Helikoptern in großen Gattern zusammengetrieben, um sie zu markieren, zu impfen und zu schlachten. Familien aus der ganzen Finnmark kommen zusammen, um sich gegenseitig zu unterstützen. Während dieser Zeit spürt man noch einmal ganz intensiv die alte Verbundenheit der Samen mit den Tieren und der alten Lebensweise, als sich ihr Lebensrhythmus noch nach den Wanderungen der Rentiere richtete. Im Sommer folgten sie den Tieren auf die saftigen Wiesen an den Küsten, im Winter zogen sie ins Landesinnere, wo die Rene aufgrund der geringeren Schneemengen leichter an Nahrung kamen.

Das neue Selbstbewusstsein der Samen, insbesondere der jungen Generation, gibt Grund zur Hoffnung, dass die einzigartige Kultur in einer »immer kleiner werdenden« Welt erhalten bleibt.

Wir fahren an der Mündung des 70 Kilometer langen Kvænangenfjordes entlang und passieren gegen Mitternacht das oftmals stark bewegte Lopphavet, eine kurze Strecke im offenen Polarmeer. Bald darauf legt das Boot in Øksfjord an. Der Ort hat lediglich 800 Einwohner und ist über eine 40 Kilometer lange Straße und den Øksfjordtunnel an die E 6 angebunden. Die Lage ist traumhaft. Direkt gegenüber, auf der Halbinsel Bergsfjord, glitzert die Gletscherkrone des 1200 Meter hohen Øksfjordjøkelen, des größten norwegischen Gletschers nördlich des Svartisen und fünftgrößten Gletschers des Landes. Bei schönem Wetter bietet der Gletscher ein atemberaubendes Naturschauspiel, das den Naturschönheiten auf den Lofoten und Vesterålen um nichts nachsteht. Die Passagiere der nordgehenden Route müssen

Im Sommer wandern die Rentiere an die Küsten des Nordmeeres, um sich dort mit saftigen Gräsern für den bevorstehenden Winter zu stärken. (linke Seite)
Für viele ein Pflichtmotiv, die 1978 aufgestellte Weltkugel am Nordkapfelsen. (oben)
Im dichten Schneetreiben kaum zu erkennen, die Häuser von Havøysund. Jetzt ist es nicht mehr weit zum nördlichsten Punkt der Reise – dem Nordkap. (unten)

sich jedoch noch ein wenig in Geduld üben, da dieses Gebiet erst südgehend tagsüber angefahren wird. Im Ort gibt es eine der selten gewordenen Fabriken, in der Fischhaut zu Leder verarbeitet wird. Ansonsten steht, wie so oft an der norwegischen Küste, der Fischfang als Haupterwerbszweig an erster Stelle.

Nach einer halben Stunde heißt es wieder »Leinen los« und weiter geht's Richtung Norden. Das Hurtigruten-Schiff fährt in den Sørøysund ein. Die Bergwelt der sich im Osten erhebenden Inseln Stjernøya und Seiland ist derart spektakulär, dass sie einen Vergleich mit den Lofoten oder dem Geirangerfjord nicht zu scheuen braucht. Gewaltig erheben sich die hintereinander gestaffelten Felsklötze bis zu 1100 Meter in den Himmel. Im Westen kommt die Insel Sørøya ins Blickfeld. Im Zweiten Weltkrieg versuchten die 1000 Bewohner der Insel verzweifelt, sich der Massenevakuierung durch die Deutschen zu widersetzten. Sie versteckten sich in unzähligen Felshöhlen vor den deutschen Soldaten, bis sie im Januar 1945 von den Russen aufgenommen und nach Schottland gebracht wurden.

Auf der nach Norden verlaufenden Route erreicht man frühmorgens Hammerfest, die »nördlichste Stadt der Welt«. Der Aufenthalt ist jetzt zu kurz, um die Stadt ein wenig näher kennen zu lernen. Doch auf der Rückfahrt legt das Hurtigruten-Schiff mittags im Hafen an. Es bleibt dann Zeit genug für einen Stadtrundgang. 70°38`48`` nördlicher Breite sind die Stadt-Koordinaten von Hammerfest. Damit liegt die 7000 Einwohner zählende Stadt auf der Höhe Mittelgrönlands, auf demselben Breitengrad wie die nördlichsten Gebiete in Sibirien und dem nördlichsten Punkt Alaskas. Natürlich ist Honningsvåg auf der Nordkaphalbinsel Magerøy noch weiter im Norden angesiedelt. Mit lediglich 3500 Einwohnern fehlen dem Ort aber leider die Stadtrechte.

Um es gleich vorwegzunehmen: Hammerfest ist keine schöne Stadt. Die Häuser im Stadtgebiet sind gelinde gesagt äußerst funktionell und modern. Der Grund für das Fehlen einer Altstadt, die zum Beispiel Bergen so attraktiv macht, liegt in der Vergangenheit. Als 1944 die deutsche Wehrmacht den Rückzug antrat, verfolgte sie das Prinzip der »verbrannten Erde«. Hammerfest wurde dem Erdboden gleichgemacht. Die Bewohner ließen sich jedoch nicht unterkriegen und bauten ihre Stadt im neuen Kleid wieder auf. Auch die hohen Niederschlagsmengen und kalten Temperaturen tragen nicht unbedingt dazu bei, die Häuser im besten Zustand zu erhalten. Viele der Straßen

Solch klare Tage sind ein seltener Glücksfall auf der Nordkinn-Halbinsel. Der Blick schweift über den Laksfjord auf die gegenüberliegende Sværholt-Halbinsel.

sind mit Schlaglöchern übersät. Es gibt jedoch auch eine Attraktion in der Stadt, die vielen Einwohnern ein Ärgernis geworden ist, die Touristen aber zu den Kameras greifen lässt. Im Sommer weiden Rentiere auf ihren alten Sommerweiden mitten in der Stadt. So kann es vorkommen, dass ein Gruppe Rene im Stadtzentrum die Straße überquert. Leider machen die Tiere natürlich auch vor den Gärten der Menschen nicht Halt.

AUF ZUM NORDKAP

Wie noch vor ein paar Tagen kurz vor den Lofoten macht sich auch jetzt auf dem Schiff eine gewisse Ungeduld, ja eine Unruhe breit. Das Hurtigruten-Schiff nähert sich langsam dem sagenumwobenen Nordkap, dem Traum aller Nordland-Reisenden. Die Küste der Finnmark ist hier oben nun bei weitem nicht mehr so spektakulär wie im Süden. Steil ins Meer abfallende, über 1000 Meter hohe Berge sind hier nicht mehr zu finden. Alles ist ein wenig flacher, runder und karger. Bevor das Schiff Honningsvåg anläuft, das »Sprungbrett« zum Nordkap, macht es noch einmal in Havøysund halt. Vor der Einfahrt in den Hafen passiert das Schiff eines der wenigen Windräder an der norwegischen Küste. Stromgewinnung durch Wasserkraft scheint in Norwegen einfach verbreiteter zu sein. Das 1500 Einwohner zählende Fischerdörfchen mit seinen gelb, rot und blau gestrichenen Häusern bietet einen schönen Anblick. Doch die meisten Passagiere warten auf das Kap und können die Weiterfahrt gar nicht erwarten. Wer mit dem eigenen Auto unterwegs ist, kann hier das Schiff verlassen und auf der 889 und später auf der E 69 den Weg zum nördlichsten Punkt Europas fahren. Aber Achtung, die Strecke ist noch mal über 200 Kilometer lang!! Schneller geht es da mit dem Schiff, das nun Kurs Richtung Westen nimmt. Nachdem der Magerøysund durchquert ist, der die Nordkap-Insel Magerøy vom Festland trennt, kommt Honningsvåg in Sicht. Wer früher mit dem Auto auf die Insel Magerøy wollte, der musste auf eine Fähre umsteigen und lange Wartezeiten in Kauf nehmen. Heute gibt es den Nordkaptunnel, der unter dem Meeresspiegel auf die Insel führt (Gebühr!). Das Schiff legt im Städtchen Honningsvåg an, das 3500 Einwohner hat. Am Kai warten schon die Busse, die die Passagiere zum Nordkap bringen sollen. Diesen Landausflug nimmt fast jeder in Anspruch. Wann kommt man mal schon wieder hier hoch?

Es ist Mitte September, der Höhepunkt des »Indian Summers« ist erreicht. Am Bekkarfjord auf der Nordkinn-Halbinsel zeigt er noch mal sein prächtiges Farbenspiel.

44 Kilometer trennen uns noch vom nördlichsten Punkt Europas. Die Straße windet sich auf einem Pass in bis zu 300 Meter Höhe. Die Landschaft ist karg. Außer Steinen, Flechten und Moosen scheint es hier nicht viel zu geben. Ab und zu sieht man Rentiere am Straßenrand. Die Insel Magerøy gehört zu den Sommerweideplätzen der Samen. Trotz oder wegen der Kargheit der Landschaft ist die Insel von wilder Schönheit. Dann ist das Nordkap-Plateau erreicht. Die meisten Besucher stürmen sofort an der Nordkaphalle vorbei zur Klippe. 307 Meter fällt die Küste hier steil ins Meer ab. Meistens ist vom Meer jedoch wenig zu sehen, dicker Nebel verhüllt die Sicht. Von hier sind es noch 2090 Kilometer bis zum Nordpol. Schnell noch ein Foto vor dem 1978 aufgestellten Modell der Weltkugel, damit die »Lieben daheim« auch wissen, dass man wirklich am Nordkap war. Dann nichts wie rein in die warme Nordkaphalle. Manch Besucher betrachtet die Halle am nördlichsten Punkt Europas mit einem skeptischen Blick. Braucht es wirklich so viel Kommerz? Auf 5000 Quadratmetern findet man alles, was das Touristen-Herz begehrt. Auf mehreren in den Fels gesprengten Stockwerken befinden sich Touristenbüro, Postschalter, Souvenirgeschäfte, ein Café, eine kleine Kapelle und ein unterirdisches Kino, in dem eine schöne Multivisionsshow über die Nordkap-Insel Magerøy zu sehen ist. Nicht zu vergessen die durch einen Tunnel erreichbare Grotten-Bar. Mit einem Glas Sekt in der Hand kann man von dort aus einem Panoramafenster auf das Nordkap blicken.

Die Zeit drängt, die Busse warten bereits. Über die kurvenreiche E 69 geht es zurück nach Honningsvåg. Wer den Landausflug zum Kap mitgemacht hat, der wird von dem Städtchen nicht viel mitbekommen – zu eng ist der Zeitplan. Die Hurtigruten müssen weiter. Ich empfehle, das Schiff hier zu verlassen und mit dem eigenen Auto zum nächsten Anlegehafen auf der wilden Nordkinnhalbinsel zu fahren.

MIT DEM AUTO AUF DIE NORDKINN-HALBINSEL

In Honningsvåg fällt das lebhafte Treiben rund um den Hafen auf. Der Ort, dessen »Einwohnerzahl« im Sommer, wenn die Touristen in Heerscharen einfallen, um ein Vielfaches steigt, ist die bedeutendste Fischereisiedlung in der westlichen Finnmark. Architektonisch hat die Stadt, wie so viele Orte in der Finnmark, nicht viel zu bieten – Folge des Prinzips der »verbrannten Erde« im Zweiten Weltkrieg.

Mit dem Auto geht es auf der E 69 Richtung Süden. Wir passieren den Nordkaptunnel und befinden uns alsbald auf der Porsanger-Halbinsel. Die E 69 führt nun immer an der Ostküste der Halbinsel entlang. Immer wieder wird man mit phantastischen Blicken auf die gegenüberliegende Sværholt-Halbinsel belohnt. Die Straße windet sich in vielen Kurven Richtung Süden. Wind und Wetter wechseln in einer Geschwindigkeit, die uns Mitteleuropäern den Atem raubt. Minutenlang prasselt so starker Regen auf das Auto, dass man meint, die Welt gehe unter. Nur 15 Minuten später strahlt die Sonne vom tiefblauen Himmel. Der Mix aus Sonne und Regen zaubert alle paar Kilometer wunderbar intensive Regenbogen in den Himmel – ein einmaliges Naturerlebnis. Bei Olderfjord trifft die E 69 auf die E 6, die in südöstlicher Richtung direkt am Stabbursdalen-Nationalpark vorbeiführt. Auf 400 Meter Höhe liegt hier der nördlichste Kiefernwald Norwegens. Luchs und Vielfraß sind hier noch zu Hause. Direkt an der E 6 liegt das Stabbursnes-Naturhaus, das über den Park informiert. Dann ist Lakselv erreicht. Die Stadt mit 4500 Einwohnern liegt land-

Die Fahrt mit dem Auto auf die wilde Nordkinn-Halbinsel gehört zu den schönsten Strecken in der ganzen Finnmark. Die Straße dort hinauf ist holprig und mit Schlaglöchern durchzogen, entschädigt wird man aber mit solch phantastischen Blicken. (linke Seite)
Kitschig aber trotzdem schön: der Sonnenuntergang über der Sværholt-Halbinsel. (oben)

Mitte September setzt der erste Frost ein, der harte Winter steht vor der Tür. (oben)

Die Landschaft in der inneren Finnmark hat ihren ganz besonderen Reiz. Die ersten kalten Septembernächte haben die Landschaft mit Raureif überzogen. (unten)

Die Strecke von Honningsvåg nach Kjøllefjord führt über ein Hochplateau mit kristallklaren Bergseen. (rechte Seite)

schaftlich schön am Porsangerfjord, hat aber ansonsten nicht viel zu bieten. Weiter geht es nun auf der holprigen 98 Richtung Osten. Im Westen begleitet uns wieder der Porsangerfjord, bis die Straße einen Bogen ins Inland macht. Die Landschaft wird herber. Weite Hochfjellflächen mit Zwergbirken, Moosen und Flechten bestimmen das Bild. Immer wieder muss man stoppen, um den Blick in die Weite der inneren Finnmark zu genießen. Von Lakselv nach Ifjord sind es 123 Kilometer, eine Strecke, für die man aufgrund der Schönheit der Landschaft aber auch der schlechten Straße wegen, gut und gerne einen halben Tag veranschlagen sollte. In Ifjord zweigt die 888 Richtung Norden – auf die wilde Nordkinn-Halbinsel. Der Zustand der Straße verschlechtert sich zunehmend. Schlaglöcher und tiefe Rillen in der Fahrbahn verhindern ein schnelles Vorankommen. Die traumhaften Blicke über den Laksefjord auf die gegenüberliegende Sværholt-Halbinsel entschädigen aber für alle Schwierigkeiten. Nach 24 Kilometern erreicht man den Bekkarfjord – ein kleines Paradies im hohen Norden. Auf demselben Breitengrad wie Mittelgrönland gelegen, wird hier Landwirtschaft betrieben. Mitte September kann man die Bauern bei der Kartoffelernte beobachten – dem Golfstrom sei Dank. Der Fjord ist umrahmt von Birkenwäldern, die im späten Septemberlicht gold-orange leuchten. Bei Bekkarfjord macht die Straße einen Schlenker ins Landesinnere. Die Schlaglöcher sind plötzlich verschwunden, die Straße ist von nun an in einem erstklassigen Zustand. An wilder, zerklüfteter und vor allem baumloser Gebirgslandschaft geht es vorbei Richtung Norden. Das Wetter auf der Nordkinn-Halbinsel ist berüchtigt. Schwere Stürme mit tagelang anhaltendem Regen sind keine Seltenheit. Im Winter fällt hier so viel Schnee, dass die Straßen

gesperrt werden müssen. Dann ist das so genannte »Kolonnenfahren« angesagt. Sämtliche Autos treffen sich zu einem bestimmten Zeitpunkt vor der heruntergelassenen Schranke der unpassierbaren Straße und warten auf den Schneepflug. Wenn dieser dann auftaucht, »kriechen« sämtliche Fahrzeuge dem Schneeräumer hinterher. Wer wieder zurück will, der muss erneut auf den Schneepflug warten.

Weiter im Norden trifft die 888 auf die 894, die direkt zum Fischerdörfchen Kjøllefjord führt – einem der zwei Anlegehäfen der Hurtigruten auf der Nordkinn-Halbinsel. 1400 »Unverwüstliche« wohnen hier »am Ende der Welt«. Der Stopp der Hurtigruten-Schiffe bringt Abwechslung und bedeutet für die Bewohner Kontakt zur großen, weiten Welt. Ob die Menschen hier jedoch die große, weite Welt vermissen, ist mehr als zweifelhaft. Wir steigen wieder aufs Schiff und genießen den Ausblick auf die bunten Häuser des Ortes. Das Schiff steuert aus dem Kjøllefjord hinaus und nimmt Kurs auf die Landmarke Kinnarodden. 71°08'01'' sind die Koordinaten dieses Punktes. Damit ist der nördlichste Punkt der Nordkinn-Halbinsel gleichzeitig der nördlichste, nicht an das Straßennetz angebundene Punkt des europäischen Festlands.

Der Zusatz »europäisches Festland« ist wichtig, um Streitigkeiten zu vermeiden. Das Nordkap ist natürlich weiterhin der nördlichste Punkt Europas, doch liegt das Kap auf einer Insel. Die Hurtigruten befinden sich nun nicht mehr im europäischen Nordmeer, sondern sind jetzt in der berüchtigten Barentssee unterwegs. Dann kommt der kleine Ort Mehamn in Sicht. Auch hier ein ähnliches Bild wie vorher in Kjøllefjord. Bunte Häuschen verteilen sich an der wild zerklüfteten Küste.

In der Barentssee nach Kirkenes

Weiter geht's Richtung Osten, mit Kurs auf die Varanger-Halbinsel, die größte Halbinsel Norwegens. Nord- wie südgehend wird die Strecke abends bzw. nachts gefahren, so dass man eigentlich nicht allzu viel mitbekommt. Zur Zeit der Mitternachtssonne in den Monaten Mai, Juni und Juli gibt es jedoch keine wirkliche Dunkelheit, so dass »Nachtschwärmer« die Fahrt weiter genießen können. Im Herbst und Winter verschlafen die Passagiere die nächsten drei Anlegehäfen und nehmen erst Vadsø wieder bewusst wahr, das am Morgen angelaufen wird. Auf der Strecke nach Süden wird die Strecke zumindest bis Vardø bei Tage zu sehen sein.

Die extrem unwirtliche Varanger-Halbinsel wird lediglich von drei Straßen erschlossen, die auch im Winter befahrbar gehalten werden. Jeder

»Fan des Nordens« wird hier wegen der wilden und kargen Landschaft »auf seine Kosten kommen«. Wenn die tief stehenden Strahlen der Mitternachtssonne auf die zackigen Klippen treffen und die Felsen in ein rot, braun und gelbes Licht tauchen, dann ist dieser Platz »am Ende der Welt« der schönste Ort auf Erden.

Am späten Abend erreicht das Schiff den kleinen Ort Berlevåg ganz im Norden der Halbinsel. Lange Zeit konnte der 1200 Einwohner zählende Ort von den Hurtigruten-Schiffen nicht angefahren werden, da der Hafen ohne natürlichen Schutz direkt am Meer liegt. Nachdem zweimal die gesamte Fischereiflotte bei schweren Stürmen zerstört wurde, errichtete man 1975 eine neue Mole aus so genannten Tetrapoden, – fünfarmigen, 15 Tonnen schweren Betonkolossen. Bis zu zehn Meter hohe Wellen haben dem neuen Hafen bis heute keinen Schaden zufügen können. Der Ort Berlevåg wurde in ganz Norwegen berühmt durch seinen Männerchor. Ein Dokumentarfilm brachte die Männer in die Schlagzeilen und alsbald führten sie die norwegische Hitparade mit einem Seemannslied an. Von Berlevåg geht es an der Küste der Varanger-Halbinsel weiter nach Osten. Das Schiff befindet sich schon seit Mehamn auf offener See und zwar nicht auf irgendeiner See, sondern auf der sturmgepeitschten Barentssee. Die Strecke hier oben ist also nichts für empfindliche Mägen und so sind die meisten froh, wenn es nach einer unruhigen Fahrt in den Båtsfjord geht und der gleichnamige kleine Ort erreicht ist. 2400 Menschen leben hier in erster Linie von der Fischerei. Båtsfjord gehört heute sogar zu den norwegischen Orten mit der größten Fischanlandung.

Nach 30 Minuten legt das Schiff wieder ab. Die Küste der Varanger-Halbinsel wird immer wilder und einsamer. Die Szenerie gleicht immer mehr einer Mondlandschaft. Ab und an kann man mit dem Fernglas ein paar Rentiere beobachten, die an der Küste entlangziehen. Nach drei Stunden Fahrt ist Vardø erreicht – die östlichste Stadt Norwegens. Der 2400 Einwohner zählende Ort liegt auf der kleinen Insel Vardøya, die 1982 durch Norwegens ersten Unterseetunnel (2900 Meter lang, 88 Meter unter der Meeresoberfläche) mit dem Festland verbunden wurde.

Vardø ist die älteste Stadt der Finnmark. Schon 1306 wurde sie als eine Art Festung gegen die Russen gegründet. 1798 erhielt sie Stadtrechte. Die vielen Trawler im Hafen weisen darauf hin, dass Fisch die Lebensader des Ortes darstellt. Hauptsehenswürdigkeit der Stadt ist die achteckige Festung Vardøhus aus dem 18. Jahrhundert, die vor russischen Angriffen schützen sollte. Die Kanonen und Geschütze mussten jedoch nie benutzt werden – außer zur Begrüßung der Sonne im Januar.

Am Morgen laufen wir Vadsø an, das administrative Zentrum der Finnmark. Die Stadt lebt in erster Linie von der Fischverarbeitung. Im Februar und März kommen große Kappelanschwärme zum Laichen in den Varangerfjord. Der Fang dient in erster Linie der Tranherstellung. Immer wichtiger für die Fischer wird die sich von Nordrussland ausbreitende Kamtschatka-Krabbe, die als Delikatesse gilt. Die gefräßige Krabbe bringt jedoch auch Probleme, da sie ganze Fjorde leer frisst.

Die Stadt hat eine lange »finnische Tradition«. Im 19. Jahrhundert kam es zu großen Einwanderungswellen aus Finnland, so dass im Jahre 1875 zwei Drittel der Bewohner finnischsprachig waren. Auch heute noch sind viele der 6000 Einwohner der finnischen Sprache mächtig und unterhalten rege persönliche und wirtschaftliche Beziehungen ins nur 75 Kilometer entfernte Nachbarland.

Das Schiffshorn bläst zur Abfahrt. Die letzte Station auf der nordgehenden Hurtigrute steht bevor. Der Golfstrom verliert jetzt immer mehr von seiner wärmenden Wirkung. In strengen Wintern kann es deshalb passieren, dass die See hier zufriert. Das Hurtigruten-Schiff nimmt Kurs auf Kirkenes. Die Stadt liegt scheinbar isoliert am Ende des Bøkfjordes in der Barentssee. Im Osten sind es lediglich zehn Kilometer nach Russland, und Finnland im Süden ist nur 40 Kilometer entfernt. Trotz dieser isolierten Lage ist die 10 000-Einwohner-Stadt äußerst lebendig. Die Stadt erlebt heute einen kleinen Boom. Seit dem Fall des »Eisernen Vorhangs« Anfang der neunziger Jahre herrscht hier reges Treiben. Der Handel mit dem nahen Russland blüht. Kirkenes liegt nicht mehr am Ende der Welt, sondern hat nun eine zentrale Lage in der Barentssee. Neben dem Handel mit Russland sind Schiffsreparaturen, Kleinindustrie und zunehmend auch der Tourismus wichtige Erwerbsquellen. Bis 1996 war der Erzabbau die bedeutendste Einnahmequelle der Stadt. In den Gruben am nahe gelegenen Bjørnevatn wurden bis zu drei Millionen Tonnen Eisenerz abgebaut. Die Stadt war wichtigste Erzstadt in Norwegen. Dann wurde der Abbau zu teuer, die Gruben wurden stillgelegt. Die riesigen Erzvorkommen waren für die deutsche Wehrmacht im Zweiten Weltkrieg von großer strategischer Bedeutung. 30 000 Soldaten waren hier stationiert als Aufpasser über das wertvolle Gestein. Darüber hinaus war der nahe, eisfreie Hafen Murmansk während des ganzen Krieges in der Hand der Alliierten, was die Deutschen zusätzlich alarmierte. Kirkenes wurde zu einer der am schwersten umkämpften Städte des Zweiten Weltkrieges. Alleine die russische Armee flog über 300 Bombenangriffe. Im Oktober 1944

»Am Ende der Welt«: Wohnhäuser im Norden der Nordkinn-Halbinsel. (linke Seite oben)
Das kleine Fischernest Kjøllefjord im äußersten Norden der Nordkinn-Halbinsel ist auch Anlegehafen der Hurtigruten. (linke Seite unten)
Kartoffelernte auf dem »nördlichste Kartoffelfeld der Welt«. (Mitte)

gaben die deutschen Truppen die Stadt auf, jedoch nicht ohne sie vollständig zu zerstören. Die Stadt wurde wieder aufgebaut und ist heute lebhafter denn je.

Vom Hurtigruten-Kai sind es nur ein paar Minuten ins Stadtzentrum. In der kleinen Fußgängerzone gibt es viele kleine Läden und nette Restaurants. Um sich einen Überblick zu verschaffen, sollte man einen kleinen Abstecher zum Aussichtspunkt Prestfjellet oberhalb des Stadtzentrums machen. Von hier aus genießt man einen wunderbaren Blick über die Stadt mit ihren bunten Holzhäuschen und über die angrenzenden Fjorde.

Wer sein eigenes Auto dabeihat und nicht sofort wieder auf das Hurtigruten-Schiff muss, der sollte sich ein paar Tage Zeit nehmen und einen Abstecher an die norwegisch-russische Grenze in den Grenzort Grense-Jakobselv machen. Von Kirkenes sind es etwa 60 Kilometer zu der kleinen Siedlung am Eismeer. Lediglich der kleine Lachsfluss Jakobselv trennt hier Norwegen von Russland. Vor 20 Jahren war das Gebiet noch strenge Sperrzone. NATO und Warschauer Pakt standen sich schwer bewaffnet gegenüber. Heute schaut man ganz entspannt über den Fluss auf die vielen Wachtürme auf der anderen Seite. Der Ort selbst besteht aus sechs Holzhäusern, die jedoch nicht mehr bewohnt sind. Nur der 85-jährige Juri hält hier noch aus und das schon seit 20 Jahren. Das norwegische Militär versorgt ihn mit dem Nötigsten. Wer einmal in seinem Leben in der Barentssee baden will, der hat hier die Möglichkeit. Wunderschöne Sandstrände bieten Südseeambiente.

Zurück nach Kirkenes. Die nordgehende Hurtigrute ist hier an ihrem Wendepunkt angelangt. Es besteht jetzt die Möglichkeit, in Kirkenes auszusteigen und zurückzufliegen. Ich würde diese Reisevariante jedoch keinem empfehlen, da die meisten Orte und Küstenabschnitte, die auf der Nord-Route nachts angefahren und passiert wurden, nun auf der Fahrt nach Süden tagsüber zu sehen sind. Es gibt also noch viel zu entdecken, wenn sich die Schiffe der Hurtigruten nun südgehend ihren Weg entlang der phantastischen norwegischen Küste bis nach Bergen bahnen.

Der kleine Ort Kongsfjord auf der sturmgepeitschten Varanger-Halbinsel in der Barentssee. (oben)
Der Leuchtturm von Berlevåg. Lange Zeit konnten die Hurtigruten-Schiffe hier nicht anlegen, zu ungeschützt war der Hafen der wilden Barentssee ausgesetzt. (unten)
»Die Augen Gottes« – dramatische Wolkenstimmung über der Barentssee an der norwegisch-russischen Grenze nahe dem »Ort« Grense-Jakobselv. (rechte Seite)

Das gewaltige norwegische Küstengebirge nahe Tromsø macht viele Besucher sprachlos. Noch Ende Juni sind die Berge mit einer dicken Schneedecke überzogen.

Der erste Schnee auf den Bergen kündet vom bevorstehenden Winter. Bereits Anfang September ist in den Bergen der Finnmark mit Wintereinbrüchen zu rechnen.

Lappland pur. Ein altes Fischerboot der Samen liegt in der weiten Landschaft der inneren Finnmark. Ein Abstecher von der Küste ins Landesinnere sollte unbedingt auf dem Programm einer jeden Hurtigruten-Reise stehen.

Ein verlassenes Wohnhaus in der inneren Finnmark nahe dem Ort Kautokeino. (links oben)

Der idyllische Schein trügt, die innere Finnmark hat stark unter dem Wegzug gerade der jungen Leute zu leiden. (rechts oben)

Ein Häuschen auf der Porsanger Halbinsel, auf dem direkten Weg zum Nordkap. (links unten)

Am siebten Tag laufen die Schiffe Kirkenes im äußersten Nordosten des Landes an. Der Wendepunk der Reise ist erreicht. Von nun an geht es wieder Richtung Süden. Fünf Tage später ist man zurück in Bergen. (rechte Seite)

EINE WINTERREISE

In Kälte und Schönheit erstarrt

Der Winter ist die schönste Jahreszeit – besonders im Norden. Die Luft ist klar, die tief stehende Sonne taucht die verschneiten Berge in ein wunderbares Licht. In der Nacht tanzen die Polarlichter am Himmel. Wer den Norden wirklich erleben will, der muss im Winter kommen. In Nordnorwegen breitet sich die kalte Jahreszeit schon im Oktober aus, und bis in den Mai hinein hält der Winter das Land in seinem eisigen Griff. Nördlich des Polarkreises geht während einiger Wochen im Dezember und Januar die Sonne nicht mehr auf. Nur ein paar Stunden am Tag herrscht Dämmerlicht. Der Himmel verfärbt sich dann oft lila-rot – ein Farbenspiel, das wir uns in Mitteleuropa überhaupt nicht vorstellen können. Die Zeit ohne Sonne ist jedoch nicht vollständige Dunkelheit. Der helle Schnee reflektiert so viel Licht, dass man manchmal das Gefühl hat, im Norden ist es im Winter heller als in unseren grauen mitteleuropäischen Städten.

Der Winter ist an der norwegischen Küste aufgrund des wärmenden Golfstroms relativ »mild«. Das Meer ist das ganze Jahr hindurch eisfrei. Natürlich sinkt aber auch hier das Thermometer weit unter den Gefrierpunkt. Die kalte Luft lässt die bei Ebbe freigelegten Tümpel sofort zu Eis gefrieren.

Norwegens Küste profitiert auch im Winter vom warmen Golfstrom. So pendeln zum Beispiel auf den Lofoten die durchschnittlichen Temperaturen im Januar um Null Grad Celsius. Natürlich können die Temperaturen auch weit unter den Gefrierpunkt absinken. Kommt dann noch ein starker Wind hinzu, sind die gefühlten Temperaturen sehr viel niedriger.

Die feuchte Meeresluft staut sich an Norwegens Küstenbergen. Schneemengen von mehr als einem Meter sind deshalb keine Seltenheit. Nur im äußersten Nordosten der Finnmark, um die Varanger-Halbinsel herum, wird es langfristig kälter. Der Golfstrom verliert hier seine wärmende Wirkung. In Kirkenes, an der norwegisch-russischen Grenze, sinken die Temperaturen im Januar deshalb oft auf 20 Grad unter Null ab. In manchem Winter ist es schon so kalt geworden, dass selbst die Barentssee zu gefrieren begann.

In der inneren Finnmark wird es sogar noch kälter. Hier herrscht Kontinentalklima. Die Niederschlagsmengen sind deutlich geringer, dafür ist es sehr viel kälter. Temperaturen von minus 30 Grad sind hier in den Monaten Januar und Februar keine Seltenheit. Das Land erstarrt in Kälte und Schönheit.

ENTLANG DER WINTERLICHEN NORWEGISCHEN KÜSTE

Als ich Mitte Februar in Bergen ankam, war nichts von Winter zu spüren. Die Temperaturen lagen bei angenehmen plus fünf Grad, die Sonne schien vom stahlblauen Himmel. Ich war fast ein wenig enttäuscht, hatte ich doch ein Wintermärchen erwartet. Ich checkte an Bord der »MS Richard With« ein und sah mich ein wenig um. Das Schiff war fast leer. Na ja, sie werden schon noch kommen, dachte ich mir. Der Nachmittag und frühe Abend vergingen, und noch immer war fast

kein Passagier an Bord. Ich fragte mich schon, ob das Schiff überhaupt losfahren würde bei dieser geringen Belegung, aber um 20 Uhr kamen sie dann doch noch – eine große Reisegruppe aus Deutschland. Drei Busse, voll mit Touristen, hielten direkt am Kai. Jetzt ist es vorbei mit der Ruhe, dachte ich. Natürlich war meine Angst vollkommen unbegründet. Im Vergleich zu den Passagiermengen in den Sommermonaten, waren die 80 deutschen Wintertouristen gar nichts. Das Schöne an einer Hurtigruten-Reise im Winter ist die Ruhe auf den Schiffen. In der kalten Jahreszeit werden die Hurtigruten wieder zu einer echten Transportlinie. Nur wenige Touristen »verirren« sich jetzt hierher. Lediglich ein paar Termine im Monat werden von Reisegruppen gebucht. Aber auch dann sind die Schiffe nur halb voll. Wurden die Hurtigruten früher vom norwegischen Staat im Sommer wie im Winter subventioniert, so beschränken sich die Zuwendungen heute nur noch auf den Winter. Im Sommer finanzieren sich die Schiffe selbst. Aus diesem Grund versucht die Schifffahrtsgesellschaft mit Sonderaktionen bzw. so genannten »Themenreisen« im Winter Passagiere an Bord zu locken. So wird zum Beispiel eine Weihnachts- und Sylvesterreise mit großer Party zum Jahreswechsel angeboten oder eine Reise mit dem Thema »Nordlicht und Sterne«. Meiner Meinung nach sind diese »Lockmittel« nicht nötig, denn die norwegische Küste im Winter bewundern zu können ist Grund genug, in der kalten Jahreszeit diese Seereise anzutreten.

Um 22.30 Uhr hieß es »Leinen los«. Die »MS Richard With« machte sich auf in die dunkle Winternacht. Am nächsten Morgen stand ich schon

Im Winter herrscht oft stundenlang wunderschönes Dämmerlicht. (linke Seite)
Selbst im norwegischen Winter gilt Schnee an der Küste als nicht gesichert. (unten)

um sechs Uhr an Deck in froher Erwartung eines phänomenalen Sonnenaufgangs. Natürlich war ich viel zu früh dran, die Sonne kommt im Februar nicht vor sieben Uhr über den Horizont. Das Wetter war immer noch gut. Über mir funkelten die Sterne. Den ersten Hafen in Florø hatte ich verschlafen. Jetzt näherte sich das Schiff dem Ort Måløy. Schnell wurde aufge- und entladen und schon 30 Minuten später ging es weiter. Die paar Wolken am Himmel färbten sich langsam lila und gelb. Dann spitzten die ersten Sonnenstrahlen über die Berge. Geht ja gut los, dachte ich. Die Berge der norwegischen Küste sahen jetzt sehr viel wilder aus als im Sommer. Der Schnee zeigt seine Wirkung. Trotzdem war ich ein wenig enttäuscht. Ich hatte viel mehr von der weißen Pracht erwartet. Die schmalen Küstenstreifen waren teilweise schneefrei und braun. Dieser verflixte Golfstrom, dachte ich. Zum Glück werde ich den nächsten Tagen noch Schnee genug erleben.

Am späten Vormittag erreichte das Schiff bei strahlendem Sonnenschein den kleinen Ort Torvik. Die bunten Holzhäuschen wären ein super Motiv, brummelte ich, wenn, ja wenn sie im Schnee stehen würden – es gibt ja auch noch die Rückfahrt. Das Schiff machte sich kurze Zeit später auf Richtung Ålesund. Im Winter wird der Geirangerfjord nicht angefahren, was den Vorteil hat, dass sich die Liegezeit in Ålesund auf drei Stunden ausdehnt. Die »Stadt des Jugendstils« ist so sehenswert (siehe Kapitel 2), dass es sich wirklich lohnt, sie näher zu erkunden. Um 15 Uhr blies das Schiffshorn zur Abfahrt. Das Wetter war traumhaft, die schneebedeckten Gipfel glänzten im schrägen Licht der Wintersonne. Trotz des kalten Fahrtwindes war das Deck voll. Keiner konnte sich trennen von der noch nicht ganz winterlichen norwegischen Küste. Am Abend lief die »Richard With« in den Moldefjord ein. Die letzten Sonnenstrahlen verfärbten die Gipfel der Romsdals-Alpen rot und orange.

WARTEN AUF WETTERBESSERUNG

Am Morgen dann die Enttäuschung. Das Wetter hatte sich verschlechtert. Tiefe Wolken hingen über den Fjorden. Das Schiff hatte nachts die Strecke von Molde nach Trondheim zurückgelegt. Um sechs Uhr legte das Schiff im Hafen von Trondheim an – es schneite aus grauen Wolken. Die meisten Passagiere nahmen die angebotene Stadtrundfahrt war, ich blieb an Bord, genoss die Ruhe und las bei einer Tasse heißem Tee. Das schlechte Wetter, das ich zunächst gefürchtet hatte, erwies sich als wunderbar erholsam. Meine Kamera blieb für eine Weile ungenutzt – sehr ungewöhnlich. Mittags ging es dann weiter. Die Landschaft war grau, es waren keine Berge mehr zu erkennen. Am späten Abend erreichten wir Rørvik. Der Wetterbericht für die nächsten Tage verhieß nichts Gutes. Ich stellte meinen Wecker trotzdem auf halb sieben, zu oft schon hatte ich mich auf Wettervorhersagen verlassen, die dann nicht stimmten. Das Klingeln des Weckers riss mich aus meinen schönsten Träumen. Müde schaute ich aus meinem Fenster. Ich traute meinen Augen kaum, da blitzten doch Sterne am Himmel. Innerhalb von zwei Minuten war ich angezogen und stand mit Kamera und Stativ an Deck. Keine Sekunde zu spät. Der Himmel fing plötzlich an, rosa, lila und rot zu leuchten. Was für ein Naturschauspiel. Ich belichtete Film um Film. Nach 20 Minuten war alles vorbei. Die Sonne wärmte meine eiskalten Finger. Ich schaute mich um und bemerkte, dass ich allein war. Zufrieden mit mir und der Welt ging ich wieder in meine Kabine, um noch ein wenig zu schlafen.

In Kirkenes gleichen die Schiffe einer Eisbox. (links)

Temperaturen von bis zu minus 40 Grad C° sind in der Finnmark keine Seltenheit. (Mitte)

In der Barentssee bei Kirkenes verliert der Golfstrom seine wärmende Wirkung, das Meer beginnt zuzufrieren. (rechts)

Ein Frachtschiff auf seinem Weg durch das Nordmeer. In Kürze hat es Hammerfest erreicht. (rechte Seite)

ÜBER DEN POLARKREIS AUF DIE LOFOTEN

Als ich eine Stunde später im Frühstücksraum ankam, bemerkte ich, dass fast keine Passagiere da waren. Ich schaute verwundert auf die Uhr: 8 Uhr, komisch, um diese Zeit war hier sonst die Hölle los. Ich fragte am Buffet, warum denn nur so wenige Passagiere hier wären. Die freundliche Bedienung klärte mich auf, dass wir in etwa 5 Minuten den Polarkreis überschreiten würden und deswegen alle an Deck gegangen seien. Sofort ließ ich alles stehen und liegen und rannte so schnell wie möglich an Deck. Dicht an dicht standen alle an der Reling und schauten Richtung Osten. Dort leuchtete im ersten Morgenlicht wunderschön die Insel Hestmannøy, durch die der Polarkreis verläuft. Dann wurde es das erste Mal richtig eng. Das Schiff passierte in einem Abstand von ungefähr 50 Metern eine kleine Schäre, auf der das Modell einer Weltkugel angebracht ist. Wir überschritten den Polarkreis, die Fotoapparate klickten ununterbrochen.

Ich fühlte mich sofort heimisch, hatte ich doch in den letzten Jahren dieses Gebiet nördlich des Polarkreises fotografisch dokumentiert.

Nach all der Aufregung war ich froh, endlich in aller Ruhe frühstücken zu können. Leider verschlechterte sich das Wetter zunehmend. Der blaue Himmel wurde immer grauer. Die Leute verlagerten ihre »Aktivitäten« vom offenen Oberdeck auf das Panoramadeck im Schiffsinneren. Auch ich setzte mich in einen der äußerst bequemen Stühle und ... schlief ein. Erst die Ansage des Stewards, dass das Schiff in Kürze in Bodø einlaufen würde, riss mich aus meinen Träumen. Dort angekommen, nutzte ich den zweieinhalbstündigen Aufenthalt zu einem Stadtbummel. Ein eisiger Wind pfiff durch die Straßen. Die Gehwege waren

RICHARD WITH

kaum begehbar, dicke Eisplatten erforderten erhöhte Konzentration. Schon im Sommer muss man sich sehr bemühen, der Stadt eine schöne Seite abzugewinnen, so zweckmäßig zeigten sich die Häuser der Stadt. Im Winter, wenn fast keine Touristen hier oben sind, und die Stadt mit Leben füllen, wirkt alles noch viel grauer und trostloser. Schnell flüchtete ich mich wieder auf das Schiff, genoss eine Tasse Kaffee und freute mich auf die nächste Station, die Lofoten. Um 15 Uhr lichtete das Schiff den Anker und machte sich auf in den Landegofjord. Das Schiff glitt an der Insel Landego vorbei in den Vestfjord. Eine längere Strecke auf offenem Meer stand bevor. Es begann zu schneien. Die Sicht war gleich Null. Heftiger Wind kam auf. Jetzt nur nicht seekrank werden, dachte ich. Obwohl ich anfangs ein mulmiges Gefühl in der Magengegend bekam, überstand ich das Hin- und Hergeschaukel des Schiffes erstaunlicherweise sehr gut. Leider war von der berühmten Lofotenwand nichts zu sehen. Die Wolken hingen fast auf Meereshöhe. Um 19 Uhr erreichten wir Stamsund, den ersten Lofotenhafen. Es schneite bei minus drei Grad Celsius. Ein wenig enttäuscht war ich schon über die schlechte Sicht, waren die Lofoten doch eines der Highlights der gesamten Reise. Von Stamsund machte sich die »Richard With« auf Richtung Svolvær, dem nächsten Lofotenhafen. Das ist es wohl für heute gewesen, nachts ist ja nicht viel zu sehen, dachte ich. In Svolvær angekommen, schlenderte ich kurz an Deck, um vor dem Schlafengehen noch ein wenig frische Luft zu schnappen. Die Wolken hatten aufgerissen, Sterne waren zu sehen. Hoffentlich hält das Wetter, grummelte ich in mich hinein. Ich schaute in den nächtlichen Himmel und sah einen weißen, leicht grünlichen Schimmer aufziehen.

Die »Richard With« im »Packeis« von Kirkenes. (linke Seite)

Was für ein Anblick. Im Winter ist die norwegische Küste einfach am spektakulärsten. (oben)

Das ist Luxus – am Abend, in einem der beheizten Pools der »Richard With« den Tag ausklingen lassen. (unten)

Sofort war ich hellwach. Von meinen unzähligen Reisen in den hohen Norden wusste ich, was das zu bedeuten hatte:

Der Tanz der Nordlichter beginnt. Das erste Mal in meinem Leben griff ich nicht sofort zu Kamera und Stativ, sondern genoss in aller Ruhe das immer intensiver flackernde Nordlicht. Zudem machten die Vibrationen der Schiffsmotoren ein verwacklungsfreies Fotografieren leider unmöglich. Neben mir standen ein paar wenige Passagiere, die im ersten Moment gar nicht wussten, was ihnen hier geboten wurde. Erst nach einigen Minuten begriffen sie, dass sie gerade Zeuge eines der schönsten und faszinierensten Naturschauspiele des Nordens wurden. Manche waren komplett »aus dem Häuschen« und konnten sich kaum noch halten vor Entzücken, andere staunten still in den nächtlichen Himmel und genossen das Schauspiel. Nach 20 Minuten war alles vorbei. Das Deck leerte sich. Auch ich ging in meine Kabine, mit dem glücklichen Gefühl, endlich wieder »in meinem Norden« angekommen zu sein. Zufrieden schlief ich ein.

VON HARSTAD ANS NORDKAP

In der Nacht verschlief ich den spektakulären Raftsund, die Vesterålen Orte Stokmarknes, Sortland und Risøyhamn und wachte erst in Harstad wieder auf. Das Wetter war leider wieder schlecht. Grauer Himmel und Schneeflocken empfingen mich bei meiner allmorgendlichen Tour auf das Oberdeck. Na ja, so konnte ich wenigstens in aller Ruhe frühstücken. Den Streckenabschnitt nach Tromsø, der jetzt bevorstand, hatte ich im Sommer schon mehrmals mit dem Hurtigruten-Schiff zurückgelegt und wusste, wie schön die Fahrt entlang Norwegens wilder Nordwestküste war. Ich freute mich schon ungemein, die Küste nun endlich mal im Winter bewundern zu können. Leider wurde nichts daraus. Dicke graue Schneewolken versperrten die Sicht. In mir machte sich eine gewisse Ungeduld breit. Wann macht das Wetter endlich wieder auf. Ich muss doch fotografieren! Gegen Mittag legten wir im kleinen Ort Finnsnes an. Alles war tief verschneit. Dicke Schneeflocken fielen vom grauen Himmel. Ich nutzte den halbstündigen Aufenthalt, um mir ein wenig im Hafen die Beine zu vertreten. Trotz oder gerade wegen des »schlechten« Wetters hatte ich ein ganz besonderes Gefühl. Das Grau der Straßen war überhaupt nicht mehr zu erkennen. Alles war unter einer dicken Schneeschicht begraben. Auf den Dächern der Häuser lag sicher ein Meter Schnee. Alles war so leise, der Schnee dämpfte den Lärm der Straßen. Irgendwie wurde mir bewusst, dass gutes Wetter im Winter nicht unbedingt etwas mit Sonnenschein und blauem Himmel zu tun haben muss. Wenn die Landschaft im Norden für Monate im Schnee versinkt, dann entsteht eine besondere Atmosphäre, die man erleben muss und nicht beschreiben kann. Mit einer gewissen Erleichterung ging ich wieder auf das Schiff und freute mich auf Tromsø, das wir am Nachmittag erreichen würden.

Auch das »Paris des Nordens« zeigte sich von seiner grauen Seite. Das Hurtigruten-Schiff hat in Tromsø vier Stunden Aufenthalt. Ich machte mich auf zur berühmten Tromsøbrua, die Tromsø mit dem Festland verbindet. Die Schneepflüge kamen mit Schneeräumen überhaupt nicht mehr hinterher. Auf mehrere Meter türmten sich an den Straßen die Schneehaufen. Auf der Brücke angekommen fotografierte ich die Stadt in der »blauen Stunde«, der bei Fotografen so beliebten Zeit zwischen Tag und Nacht, die im hohen Norden eine Stunde und mehr dauern kann. Der Wind pfiff dort oben so eiskalt, dass ich froh war, als ich wieder auf dem Schiff ankam und mich bei einer guten Tasse heißen Tees wärmen konnte. Die meisten Passagiere hatten die angebotene Stadtbesichtigung wahrgenommen. Ich kannte die Stadt bereits von mehreren Aufenthalten im Sommer und sparte mir die Rundfahrt. Am Abend verließ die »Richard With« den Hafen von Tromsø und machte sich auf in die dunkle Polarnacht. Morgen sehen wir das Nordkap, erzählte mit ein Passagier voller Vorfreude. Vielleicht, dachte ich mir. Jahrelange Erfahrung mit Nordkap »Anläufen« hatte mich skeptisch gemacht. Zu oft war das Wetter so schlecht gewesen, dass nichts zu sehen war. Ich sollte Recht behalten!

Das Schiff passierte nachts die Küste der Finnmark. Wir verschliefen die Häfen Skiervøy und

Hammerfest bleibt bis weit in den April hinein im eisigen Griff des Winters. (linke Seite)

Die Finnmark – ein Wintermärchen. (unten)

Øksfjord und liefen um 5.15 Uhr morgens Hammerfest an – die nördlichste Stadt der Welt. In all den Jahren in Nordnorwegen war es mir noch nie gelungen, Hammerfest bei schönem Wetter zu sehen. So auch dieses Mal. Es schneite und schneite. Meine Hoffnungen konzentrierten sich auf die Rückfahrt. Vielleicht habe ich dann endlich Glück mit dieser »nördlichsten Stadt der Welt«. Nach eineinhalb Stunden ging es weiter. Die meisten Passagiere hatten auch Hammerfest verschlafen. Das Schneetreiben wurde immer dichter. Wie ist es nur möglich, sich bei diesen Sichtverhältnisse zu orientieren, fragte ich mich. Moderne Satellitennavigation macht es möglich.

Ein weiterer Tag auf dem Panoramadeck stand bevor. Ich wurde immer unruhiger, nicht daran gewöhnt, den ganzen Tag herumzusitzen. In Havøysund wurde das Schneetreiben so dicht, dass man die bunten Häuschen fast nicht mehr sehen konnte. Gute Voraussetzungen für das anstehende Nordkap, dachte ich in einem Anflug leichter Ironie. Am Nachmittag erreichten wir dann Honningsvåg auf der Nordkapinsel Magerøya. Am Hafen standen schon Busse bereit, die uns zum Nordkapplateau transportieren sollten. Das Schiff leerte sich, beinahe jeder wollte mit an den nördlichsten Punkt Europas. 44 Kilometer trennen Honningsvåg vom Nordkap. Die Strecke ist im Sommer in einer halben Stunde zu bewältigen. Im Winter ist die Straße für den normalen Verkehr gesperrt. Ein eigens für das Hurtigruten-Schiff engagierter Schneepflug räumte uns den Weg frei. Oben am Kap angekommen war natürlich nichts zu sehen. Schnell ein Bild vor dem Modell der Weltkugel und dann schnell rein in die Nordkaphalle. Im Sommer ist hier die Hölle los – im Winter gar nichts. In der kalten Jahreszeit ist die Nordkaphalle geschlossen und wird lediglich für gebuchte Reisegruppen geöffnet. Während meine Mitreisenden den wirklich sehenswerten Film über die Insel Magerøya anschauten, setzte ich mich mit einer Tasse Kaffee ans Fenster der Nordkap-

Nur Frühaufsteher kommen in den Genuss solcher Stimmungen. (unten)

Im März, wenn die Tage endlich wieder länger werden, taucht die immer noch tief stehende Sonne die schneebedeckten Berge der norwegischen Küste in gelbes Licht. (rechte Seite)

halle und genoss die Ruhe. Selten habe ich das Nordkap so intensiv erlebt wie an diesem Tag im Winter.

DURCH DIE WILDE BARENTSSEE NACH KIRKENES

Es ging zurück aufs Schiff. Schon auf dem Weg dorthin zeigten sich einige helle Lücken im dichten Wolkenmeer. Da wird doch nicht etwa die Sonne rauskommen, dachte ich bei mir. Die »Richard With« war gerade dabei, den Hafen zu verlassen, da brach die Sonne endlich durch. Die Landschaft war wie verzaubert. Der frisch gefallene Schnee glitzerte im Sonnenlicht. Das Oberdeck war sofort mit Menschen gefüllt, zu lange hatte man auf die wärmenden Strahlen der Sonne verzichten müssen.

In der darauffolgenden Nacht verschliefen wir Kjøllefjord, Mehamn, Berlevåg, Batsfjord und Vardø. Es war eine unruhige Nacht. Das Schiff verließ das Nordmeer und stampfte in die stürmische, Barentssee. Die von mir – als nicht gerade erfahrenem »Seebären« – gefürchtete Fahrt um die Nordkinn- und die Varanger-Halbinsel gestaltete sich dann so, wie ich es mir in meinen schlimmsten Träumen vorgestellt hatte. Das Schiff schwankte die ganze Nacht von der einen auf die andere Seite. Am Morgen war ich heilfroh, als wir endlich den Hafen von Vadsø anliefen, der geschützt im Varangerfjord liegt. Das Wetter hatte sich gebessert. Der Himmel war klar. Die Temperaturen sanken auf minus 20 Grad Celsius. Der Golfstrom verliert hier im Osten seine wärmende Wirkung. Zum ersten Mal auf der Reise sahen wir kleine Eisschollen auf dem Wasser treiben. In äußerst strengen Winter kann es passieren, dass die Barentssee um Kirkenes zuzufrieren beginnt. Auch der Anblick unseres Schiffes hatte sich gewandelt. Überall hingen lange Eiszapfen. Der Boden der Außendecks war zugefroren. Die Bugaugen waren mit einer dicken Eisschicht überzogen. Die ganze Fahrt von Vadsø nach Kirkenes verbrachte ich trotz klirrender Kälte an Deck und fotografierte die in Kälte erstarrte Landschaft. Gegen Mittag erreichten wir Kirkenes, den Wendepunkt der Hurtigruten.

Den knapp dreistündigen Aufenthalt nutzte ich für einen kleinen Rundgang. Ich war schon öfter in Kirkenes gewesen und hatte der Stadt bisher nie wirklich etwas abgewinnen können. Diesmal war es anders. Die Stadt zeigte sich in ihrem schönsten Winterkleid. Der kalte Pulverschnee knarzte unter meinen Schuhen, als ich zum Aussichtspunkt Prestefjell hinaufstieg. Von dort oben hatte ich einen phantastischen Blick auf die Stadt und die umliegenden, tief verschneiten Berge. Unten im Hafen lag die »Richard With« wie ein Eisbrecher einer Polarexpedition in einer einzigartig schönen Winterlandschaft.

ZURÜCK IN DEN SÜDEN

Am Nachmittag verließen wir Kirkenes. Das Wetter war immer noch traumhaft. Ich konnte mich nicht satt sehen an der tief verschneiten wilden Küste der Finnmark. In der frühen Abenddämmerung erreichte die »Richard With« Vardø. Ich ging früh ins Bett, zufrieden mit diesem wunderbaren Tag »am Ende der Welt«. Um sieben Uhr morgens klingelte am nächsten Tag mein Wecker. Ich schaute aus dem Fenster. Tief hängende Wolken versperrten den Blick auf die Küste. Trotzdem ging ich schlaftrunken an Deck, denn irgendetwas konnte ja passieren. Die »Richard With« lief gerade in den Hafen von Honningsvåg ein. Es begann zu schneien. Ich holte mir einen Kaffee und setzte mich auf das Panoramadeck. Es war wunderbar still, draußen hüpften die Schneeflocken vor dem Fenster. Trotz des schlechten Wetters hat sich die Reise absolut gelohnt, dachte ich. Obwohl ich bis zu diesem Zeitpunkt fast 140 Filme belichtet hatte, fühlte ich mich erholt, ruhig, entspannt. Havøyssund war wie schon auf der Hinreise fast nicht zu erkennen, so stark war der Schneefall geworden. Mittags erreichte das Schiff Hammerfest. Auf der Fahrt nach Süden ist hier eine Anlegezeit von eineinhalb Stunden vorgesehen. Ich machte einen kleinen Stadtrundgang und kam nach einer Stunde wieder an Bord. Es wurde heller und heller. Die Sonne kämpfte sich durch die dicken Schneewolken. Ich packte sofort meine Kamera und rannte an Deck. Hammerfest im Sonnenlicht, das gibt's doch gar nicht. Dachte ich bei mir. Wie durch Geisterhand verschwanden die letzten Wolken, und die »nördlichste Stadt der Welt« zeigte sich mir endlich von ihrer schönsten Seite.

Das Schiff legte vom Kai ab und machte sich auf in Richtung Süden. Das Wetter war nun herrlich. Die wilde Küste der Finnmark zeigte sich in ihrer vollen Pracht. Die Strecke von Hammerfest nach Øksfjord und weiter nach Skjervøy verbrachte ich trotz einer Temperatur von minus 20 Grad Celsius und eisigem Wind an Deck. Manchmal vergaß ich vor Staunen sogar, zu fotografieren. Die untergehende Sonne tauchte die schneebedeckten Berge in gelbes Licht. Was für ein Tag!

Am Abend erreichten wir den kleinen Fischerort Skjervøy. Ich war sogar zu müde, um zu Abend zu essen. Am nächsten Morgen legte das Schiff in Harstad an. Das Wetter war natürlich wieder schlecht. Die meisten Passagiere verließen das Schiff, um im Rahmen eines angebotenen Landausfluges die Strecke nach Risøyhamn im Bus zurückzulegen. Ich blieb an Bord und genoss, wie so oft, die Ruhe. Ich hoffte, dass sich das Wetter bessern würde, da am Nachmittag der spektakuläre Raftsund auf dem Programm stand. Meine Hoffungen wurde leider nicht erfüllt. Im Gegenteil, die Wolken wurden immer dichter, starker Schneefall setzte ein. Die eigentlich schöne Fahrt entlang der Vesterålen-Inseln gestaltete sich grau und vom Nebel verhangen. Die Weiterfahrt durch den Raftsund wurde ebenfalls eine einzige Enttäuschung, denn der Nebel ließ uns nur eine Sicht von zehn Metern. Am frühen Abend erreichten wir schließlich Svolvær auf den Lofoten. Im Hafen lagen eine Menge Fischerboote, alle auf der winterlichen Jagd nach Kabeljau. Irgendwie lag schon eine gewisse Abschiedsstimmung in der Luft. Ich ging früh schlafen in der Hoffnung, am nächsten Tag wieder loslegen zu können. Um 4.15 Uhr verließ das Schiff den Hafen von Bodø. Das Wetter war noch schlechter als am Vortag. Ein weiterer Ruhetag stand bevor. Ich glaube, ich habe in meinem ganzen Leben noch nie so viel gelesen wie auf dieser Hurtigruten-Reise. Trotz des schlechten Wetters war ich jedoch guter Dinge. In all den Jahren im Norden habe ich gelernt, das Wetter so zu nehmen, wie es kommt. Ørnes, Nesna, Sandnessjøen habe ich verschlafen – und das am helllichten Tag, denn das gleichmäßige Stampfen der Schiffsschrauben und das schlechte Wetter wirkten einschläfernd. In Brønnøysund wachte ich kurz wieder auf, da der Steward lauthals den Berg Torghatten ankündigte, der berühmt ist für sein riesiges Loch. Leider war der Berg im Nebel versunken. Um es vorwegzunehmen: Die restliche Reise bis nach Bergen, immerhin noch zwei Tage, verbrachte ich wegen des schlechten Wetters wie oben geschildert – mit Lesen, Schlafen, Essen, Kaffee trinken ...! Am zwölften Tag erreichte die »Richard With« Bergen – im strömenden Regen. Dennoch verabschiedete ich mich wehmütig von »meinem« Schiff. Mit 200 belichteten Filmen im Gepäck ging ich von Bord, fest entschlossen im nächsten Winter die »schönste Seereise der Welt« zu wiederholen. Diesmal ohne Fotoausrüstung – glaube ich!

Der Leuchtturm von Vardø weist den Schiffen während der dunklen Winterzeit den Weg in den Hafen. (linke S.)

Die »Richard With« liegt im Hafen von Svolvær auf den Lofoten. (unten)

Der norwegische Winter weist die Menschen immer wieder in ihre Schranken. Vor der Wucht der mächtigen, weißen Berge wirken die Siedlungen wie Spielzeug. Die archaisch anmutende Landschaft Norwegens war schon immer Quelle für Sagen und Legenden.

Die Wintersonne ist hinter den Bergen verschwunden. Langsam bricht die Dämmerung herein und zaubert noch einmal ein prächtiges Farbenspiel auf den Himmel.

Das Polarlicht ist in den langen, dunklen Winternächten besonders gut zu beobachten. Ist der Himmel klar, dann ist dieses Phänomen beinahe täglich am Himmel zu bewundern. Auf den Schiffen der Hurtigruten werden die Passagiere mit einer Durchsage des Kapitäns auf die »Aurora Borealis« aufmerksam gemacht.

DIE FLOTTE

Die modernen Hurtigruten umfassen heute 11 Schiffe aus drei verschiedenen Generationen. Natürlich sind alle mit modernster Navigationstechnik ausgestattet, dennoch gibt es Unterschiede. Die folgende Übersicht zeigt alle Schiffe – mit Sicherheit ist für jeden etwas dabei.

MIDNATSOL

Das Schiff wurde 2003 ausgeliefert. Die Farben von Kabinen und Innenräumen leuchten in den Farben der Mitternachtssonne. Der riesige, verglaste Panorama-Salon erstreckt sich über zwei Decks.

KONG HARALD

Erbaut 1993 in Stralsund, läutete es die Ära der neuen Schiffe ein. Benannt wurde es nach Norwegens König.

FINNMARKEN

Das erste Schiff einer neuen Generation kam 2002 das erste Mal zum Einsatz. Mehr Platz und noch mehr Komfort hieß die Devise. Das Schiff ist mit einem Swimmingpool an Deck ausgestattet.

NARVIK

Die Narvik gehört zu den älteren Schiffen der Flotte. Sie wurde 1982 in Betrieb genommen und seither mehrmals umgebaut und erweitert. Die Ausschmückung des Schiffs übernahm der norwegische Maler Erik Harr.

NORDLYS

Die Nordlys wird seit Frühjahr 1994 eingesetzt. Sie war das letzte von drei Schiffen, die im deutschen Stralsund gefertigt wurden. Die Innenräume sind wunderbar mit Holz und Messing dekoriert.

RICHARD WITH

Benannt nach dem Begründer der Hurtigrute befindet sich das Schiff seit 1993 im Einsatz für die Expresslinie. An Deck gibt es zwei beheizte Whirlpools, die im Winter zum Baden einladen.

VESTERÅLEN

Zusammen mit der Narvik das letzte Boot aus den achtziger Jahren. Das Schiff wurde zweimal umgebaut und erweitert. Die Kunstsammlung an Bord stammt von Künstlern aus ganz Norwegen.

POLARLYS

Die Polarlys kam 1996 zu ihrem ersten Einsatz. Für die prachtvolle Innenausstattung wurde Mahagoni, Messing und viel Glas verwendet. Ein Atrium durchflutet das Schiff vom vierten bis zum siebten Deck mit Licht.

NORDKAPP

Das Schiff wurde 1996 vom Stapel gelassen. Es ist nach der 307 Meter hohen Klippe im äußersten Norden Norwegens benannt.

TROLLFJORD

Die Trollfjord wurde im Mai 2002 ausgeliefert und gehört zur modernsten Generation der Hurtigruten-Schiffe. Ein paar Fakten zum Träumen: 15 000 Bruttoregistertonnen, Panoramablick vom Bett und Seeblick aus der Sauna. Der gesamte Mittelteil des Schiffs ist ein großes Atrium, der Panorama-Salon erstreckt sich über zwei Decks.

NORDNORGE

Die Nordnorge kommt seit 1997 auf den Hurtigruten zum Einsatz. Die Gestaltung der Innenräume übernahmen der Lofotenkünstler Dagfinn Bakke sowie Johanne Marie Hansen-Krone und Ellen Lenvik.

REGISTER

Produktmanagement: Susanne Caesar
Textlektorat: Kerstin Seydel-Franz
Layout: graphitecture book, Rosenheim
Repro: Repro Ludwig, Zell am See
Umschlaggestaltung: H3A GmbH, München
Kartografie: Astrid Fischer-Leitl, München
Herstellung: Bettina Schippel
Printed in Italy by Printer Trento

Alle Angaben dieses Werkes wurden vom Autor sorgfältig recherchiert und auf den aktuellen Stand gebracht sowie vom Verlag geprüft. Für die Richtigkeit der Angaben kann jedoch keine Haftung übernommen werden. Für Hinweise und Anregungen sind wir jederzeit dankbar. Bitte richten Sie diese an:

Bruckmann Verlag
Produktmanagement
Innsbrucker Ring 15
D-81673 München
E-Mail: lektorat@bruckmann.de

Unser Gesamtverzeichnis finden Sie unter www.bruckmann.de

Bildnachweis
Alle Abbildungen des Umschlags, Innenteils und Reisebegleiters stammen von Bernd Römmelt, München.

Umschlagvorderseite, große Abb.: Das Hurtigruten-Schiff »Trollfjord« auf seinem Weg durch den Raftsund.

Umschlagvorderseite, kleine Abb. von links nach rechts: Blick auf das Dorf Hyen im bergigen Hinterland an der Straße 615; Blick auf das alte Hanseviertel Bryggen in Bergen; Die »Richard With« im Hafen von Kirkenes.

Umschlagrückseite kleine Abb. von oben nach unten: Die »Kong Harald« verlässt den Hafen von Ørnes und gleitet in den Meløyfjord; Der 260 m hohe Berg Torghatten nahe Brønnøysund, hier im Hintergrund, gehört zu den Attraktionen einer Hurtigruten-Reise; Vom Berg Aksla hat man den schönsten Blick auf Ålesund, der »Stadt des Jugenstils«; Die »Richard With« liegt im Hafen von Svolvær auf den Lofoten.

S. 1: Entlang der Lofotenwand gleitet das Hurtigruten-Schiff durch den Hadselfjord.
S. 142: Zwischen Molde und Kristiansund führt die 64 durch eine norwegische Bilderbuchlandschaft.
S. 144: Langsam sinkt die Sonne hinter den Horizont. Ein wunderschöner Tag auf der Vogelinsel Runde geht zu Ende.

Die Deutsche Bibliothek – CIP Einheitsaufnahme:
Ein Titeldatensatz für diese Publikation ist bei Der Deutschen Bibliothek erhältlich.

ISBN 3-7654-4375-1

DIE HURTIGRUTEN TAG FÜR TAG

Einmal im Leben mit den Schiffen der Hurtigruten die norwegische Küste entlangschippern, das ist der Traum vieler Reisender. Wahrscheinlich gibt es weltweit nur wenige Schiffsverbindungen, die mit einem ähnlich spektakulären Reiseverlauf aufwarten können. 2500 Seemeilen entlang der großartigen, atemberaubenden norwegischen Küste geht es von Bergen im Süden bis nach Kirkenes im hohen Norden und wieder zurück. 12 Tage sind die Fähren der Hurtigruten unterwegs. Gefahren wird Tag und Nacht. 34 Häfen werden angelaufen. In manch kleinem Fischerdorf beträgt die Liegezeit der Schiffe nur 30 Minuten, in »Metropolen« wie Ålesund, Trondheim oder Tromsø dagegen mehrere Stunden. Zeit genug für ausgedehnte Landausflüge. Die Passagiere müssen auf kein Highlight verzichten, obwohl die Schiffe fast ununterbrochen unterwegs sind. Sämtliche Orte und Küstenabschnitte, die auf der nordgehenden Route nachts angelaufen und passiert werden, sind südgehend am Tage zu sehen – und umgekehrt. 11 Schiffe sind heute unterwegs, die jedoch mit den Transportschiffen der früheren Tage fast nichts mehr zu tun haben. Die Fähren ste-

Die »Kong Harald« verlässt den Hafen von Ørnes.

hen in Sachen Komfort den großen Kreuzfahrtschiffen in nichts nach. Die Atmosphäre auf den Schiffen ist jedoch sehr viel ungezwungener. Strenge Kleidungsvorschriften zum Beispiel beim Essen gibt es ebenso wenig wie langweilige Unterhaltungsprogramme am Abend. Insbesondere die neueste Generation der Fähren wie zum Beispiel die Trollfjord oder Midnatsol sind fast schon Luxusliner. Sämtliche Schiffe sind mit einem großen Panoramadeck ausgestattet, das den Reisenden auch im Winter oder bei Regen einen Rundumblick auf die großartige Landschaft Norwegens gewährt. Im Sommer sind die Schiffe der Hurtigruten oft sehr voll, wer das ruhigere Reisen vorzieht, der sollte im Winter kommen. Nur eine Hand voll Touristen verliert sich dann auf den Fähren. Alles ist ein wenig ruhiger, familiärer und die norwegische Küste ist im Winter besonders spektakulär.

Trotz der »modernen« Zeiten haben sich die Hurtigruten ihren Charakter als charmante Transportlinie bewahrt. Wenn im kleinen Ort Finnsnes, weit nördlich des Polarkreises, der Postsack wie eh und je an Bord gezogen wird, dann sind sie noch einmal lebendig, die »guten, alten Zeiten«.

Mitternachtssonne über der Vesterålen Insel Langøya.

DIE NORD GEHENDE ROUTE

Erster Tag: Hafen Bergen

Im Sommer (16.4.–11.9) legen die Hurtigruten-Schiffe um 20 Uhr am Kai in Bergen ab. Im Winter (12.9.–15.4.) verschiebt sich die Abfahrtszeit auf 22.30 Uhr.

Wer die Tour in Bergen beginnt, der sollte unbedingt ein oder zwei Tage früher anreisen, um sich eine der schönsten Städte Norwegens anzusehen. Bergen ist mit 235 000 Einwohnern die zweitgrößte Stadt des Landes und war zeitweise sogar Hauptstadt (1217–1299). Wunderschön zwischen sieben Bergen liegt die Stadt, die 1070 von König Olav Kyrre gegründet wurde. Bereits 1350 war die Stadt Mitglied der Hanse und wuchs schnell zur größten und bedeutendsten Handelsmetropole Skandinaviens. Viele deutsche und dänische Kaufleute ließen sich hier nieder, was erheblichen Wohlstand brachte. Große, prächtige Gebäude wurden errichtet, die jedoch immer wieder durch Feuer zerstört wurden. In Bryggen, dem alten Hanseviertel am Hafen, sind noch ein paar dieser wunderschönen Holzhäuser zu bewundern. Die ältesten Teile stammen aus dem Jahr 1702, der Rest fiel dem letzten großen Brand 1955 zum Opfer. Direkt am Hafen liegt der Fischmarkt, der jedoch manchmal, wenn die Kreuzfahrtschiffe im Hafen liegen, eher wie eine Touristenattraktion wirkt als wie ein echter Markt für Fische.

Die »Regenhauptstadt«

Am Wetter sind in Bergen schon viele Reisende verzweifelt. Dicke, tief hängende Wolken verhüllen die Stadt oft tagelang. Bergen gilt als die Regenhauptstadt des Landes. Wer dennoch mal ein »Schönwetterfenster« erwischt, der sollte unbedingt auf einen der beiden Aussichtsberge der Stadt fahren. Vom Hafen sind es nur ein paar Gehminuten zur Fløibahn, die uns in acht Minuten auf den 400 Meter hohen Fløien bringt. Die Aussicht ist phantastisch (Info: www.floibahnen.no). Die beste Aussicht auf die Stadt genießt man jedoch vom Ulriken aus. Im Sommer führt zwischen 9 und 22 Uhr alle sieben Minuten eine Seilbahn hinauf. Zur Talstation fährt ein Stadtbus oder der halbstündlich ab dem Touristenbüro verkehrende Doppeldeckerbus im Rahmen einer Stadtrundfahrt (Info: www.ulriken.no).

Auch wenn das Wetter mal nicht mitmacht, ist man in Bergen gut aufgehoben. Eine Reihe von Museen lädt zum Besuch ein. Das Hansemuseum liegt neben der Touristeninformation auf Bryggen. Das Museum ist in einem authentischen Holzgebäude des alten Hanseviertels untergebracht und ganz im Stil der Hansezeit eingerichtet. Lagerräume, Büros sowie Aufenthalts- und Schlafräume sind originalgetreu erhalten. Führungen durch die Räume werden in allen Sprachen abgehalten (Öffnungszeiten: Juni, Juli, August täglich 9 bis 17 Uhr, Sept. und Mai täglich 11 bis 14 Uhr, Okt. bis April Di bis Sa, 11 bis 14 Uhr, So 12 bis 17 Uhr).

Auch das Gamle Bergen Museum ist einen Besuch wert. Es handelt sich um ein Freilichtmuseum, das das alte Bergen zeigt. Zwei Kilometer nördlich der Stadtmitte wurden viele alte Häuser wie zum Beispiel eine alte Bäckerei, eine Damenschneiderei oder ein Rasiersalon originalgetreu nachgebaut (Öffnungszeiten: Mitte Mai bis Anfang Sept. täglich. 10 bis 18 Uhr).

Wer sich für Kunst interessiert, der ist auf »Bergens Kunststraße« gut aufgehoben. Die Kunstsammlungen reihen sich entlang des zentralen Stadtsees Lille Lungegårdsvann aneinander. So beeindruckt zum Beispiel die Bergens Bildegalleri mit 6000 Gemälden und Skulpturen aus dem 13. Jahrhundert bis heute (Öffnungszeiten: 15.5. bis 14.9. täglich 11 bis 17 Uhr, sonst nur Di bis So). Wer nach so viel Kunst, Natur und Regen Hunger bekommt, der kommt in der Umgebung des großen

Die alten Speicherhäuser im Hanseviertel Bryggen in Bergen.

Auf dem Fischmarkt in Bergen.

Marktplatzes (Torget) auf seine Kosten. Unzählige kleine Restaurants laden in meist schönem Ambiente zum Essen ein.

Zurück aufs Hurtigruten-Schiff. Die Schiffe starteten bis vor kurzem nicht im zentralen Hafen, von wo auch die großen Kreuzfahrtschiffe ablegen, sondern im ein paar Kilometer entfernten Handelshafen. Ab 2005 ist jedoch auch der Kai der Hurtigruten ins Zentrum der Stadt gerückt, so dass derjenige, der nur wenig Zeit für die Stadt mitbringt, einen kurzen Bummel entlang der alten Speicherhäuser wagen kann.

Das Schiff verlässt den Hafen von Bergen um 20 Uhr (im Winter um 22.30 Uhr) und passiert die 1058 Meter lange Aksøy-Brücke. Das Schiff dreht Richtung Norden – es ist Nacht! (Information Bergen: www.visitbergen.com)

Zweiter Tag: Florø – Geiranger – Molde

Nachts legt das Schiff in Florø an. In der Früh um 4 Uhr erreichen wir Måløy (im Winter um 7 Uhr). Schon von weitem ist die 1224 Meter lange und 42 Meter hohe Måløybrücke zu sehen. Das nach außen hin so klein und unscheinbar wirkende Fischerdörfchen ist einer der größten Fischereihäfen Norwegens. Bis zu 200 000 Tonnen Fisch werden hier jährlich an Land gebracht. Nach einem kurzen Stopp, den die meisten Passagiere noch verschlafen haben, geht es wieder Richtung Norden. Das Hurtigruten-Schiff passiert die unsichtbare Grenze zwischen Nordsee und Europäischem Nordmeer und gelangt im Laufe des Vormittags in das Schärenarchipel Flåvær. Nach-

Die Fahrt durch den Geirangerfjord gehört zu den Highlights der Reise.

dem wir unter der 543 Meter langen Herøybrücke hindurch gefahren sind, läuft das Schiff bald in den Hafen von Torvik ein. Torvik ist eine Streusiedlung mit Kuhwiesen, die bis an den Kai der Hurtigruten heranreichen.

Torvik ist Ausgangspunkt für einen Ausflug auf die Vogelinsel Runde. Bis zu 200 000 Seevögel nisten hier jeden Sommer. Eine große Kolonie von Papageientauchern lockt Vogelbegeisterte aus aller Welt. Nach einer halben Stunde (im Sommer um 7.30 Uhr, im Winter um 10.45 Uhr) geht es weiter. Nächste Station ist Ålesund, die Stadt des Jugendstils. Im Sommer legt das Hurtigruten-Schiff bereits um 8.45 Uhr am Kai an, um nach nur 45 Minuten Liegezeit schon wieder aufzubrechen. Grund für die Eile ist der Geirangerfjord, der im Sommer von den Hurtigruten angesteuert wird. Um 18.15 Uhr kehrt das Schiff in die Stadt zurück.

Der schönste Fjord Norwegens

Der Geirangerfjord zählt zu den schönsten Fjorden Norwegens und ist eines der Highlights der Reise. Schon die Fahrt durch den Storfjord und den Sunnylvsfjord ist eine wahre Augenweide. Gleitet das Schiff dann durch den 16 Kilometer langen Geirangerfjord, bekommt man den Mund vor lauter Staunen nicht mehr zu. Bis zu 1000 Meter hohe Berge fallen hier steil in den Fjord ab. Wasserfälle stürzen die Wände hinab. Durch diese engen Felsschluchten stampft das Schiff bis zum Ende des Fjords. Im kleinen Ort Geiranger, der um 13 Uhr erreicht ist, kann das Schiff nicht anlegen, da kein Hafen mit genügend Tiefgang zur Verfügung steht. Im Rahmen des Hurtigruten-Programms wird jedoch zwischen Juni und August ein Busausflug nach Molde (dem nächsten Anlegehafen) angeboten. Kleine Zubringerboote bringen die Passagiere an Land. Auf der Ørneveien (Adlerstraße) und am Aussichtspunkt Trollstigen warten auf die Besucher mehrere unvergessliche Höhepunkte. Um kurz vor 22 Uhr erreichen die Busse Molde, wo es wieder an Bord geht. Im Winter wird der Geirangerfjord nicht angefahren. In der kalten Jahreszeit zwischen Mitte September und April erreicht das Hurtigruten-Schiff die Stadt Ålesund um 12 Uhr. Drei Stunden haben die Passagiere im Winter Zeit, die Stadt zu besichtigen. Wer im Sommer nicht am Ausflug in den Geirangerfjord teilnehmen will, der hat sogar einen ganzen Tag für die Stadt. 40 000 Einwohner leben hier auf drei durch Brücken miteinander verbundenen Inseln. Mitte des 19. Jahrhunderts war die Stadt einer der größten Fischereihäfen Norwegens und größter Exporthafen für Trockenfisch. In der Nacht vom 22. auf den 23. Januar 1904 wütete eine Feuersbrunst und zerstörte nahezu den gesamten Stadtkern. Innerhalb von nur drei Jahren wurde die Stadt wieder aufgebaut und zwar im Architekturstil der damaligen Zeit – dem Jugendstil. So präsentiert sich Ålesund heute als einzigartiges städtebauliches Denkmal des Jugendstils. Am besten

Sonnenuntergang über dem Moldefjord.

bewundert man die Stadt von oben. In 15 Minuten wandert man die 418 Stufen auf den Hausberg der Stadt – Aksla. Aus 189 Meter Höhe genießt man hier einen wunderbaren Blick auf die Stadt und den ganzen Sund. Wer die »Jugenstilhäuser« von ganz nah bewundern will, der geht über das Hafengelände zur Tollbugata, die zur Fußgängerzone Kongensgate führt. Hier befinden sich die meisten Jugendstilhäuser. Auch die Skansegata, die direkt am Hafen entlangführt, ist einen Abstecher wert. Mittags liegen hier viele kleine Fischkutter, von denen aus die Fischer ihre Waren verkaufen. Bei schlechtem Wetter lohnt der Besuch des Ålesund Museums, das überwiegend Ausstellungen zu den Themen Jugendstil, Handwerk, Fischfang und Seefahrt zeigt (Öffnungszeiten: tgl. 12 bis 15 Uhr, 15.11. bis 15.2. Sa und So geschlossen, Information: www.museumsnett.no/aam).

Um 18.45 Uhr legt das Hurtigruten-Schiff im Sommer ab (im Winter um 15 Uhr) und gleitet am späten Abend in den Moldefjord. Schon von weitem sind die schneebedeckten Romsdalsalpen zu bewundern. Um 21.30 Uhr erreicht das Hurtigruten-Schiff den Hafen von Molde (im Winter bereits um 18 Uhr). Das erste Gebäude, das ins Auge sticht, ist der Glasbau des Rica Seilet Hotels – ein Hotel mit einer wirklich einzigartigen segelförmigen Glas-Architektur. Wer Zeit hat und auf das nächste Hurtigruten-Schiff einen Tag später warten kann, dem sei die Fahrt auf den 407 Meter hohen Varden empfohlen. 222 Berggipfel sind laut Werbeprospekt von hier aus zu sehen, wovon 87 über 1000 Meter in den Himmel ragen. Wer auf dem Schiff bleibt, für den heißt es bereits nach einer halben Stunde wieder »Leinen los« und das Schiff verlässt die 22 000-Einwohner-Stadt (Information Molde: www.visitmolde.com). Nachts legt das Schiff die Strecke nach Trondheim zurück.

3. Tag: Trondheim – Rørvik

Im Sommer erreichen die Hurtigruten-Schiffe Trondheim um 8.15 Uhr (im Winter um 6 Uhr). Da die Abfahrt erst um 12 Uhr mittags vorgesehen ist, bleibt Zeit genug, die Stadt ein wenig zu erkunden. 1997 feierte die 153 000 Einwohner zählende Stadt tausendjährigen Geburtstag, ob jedoch die Stadt wirklich im Jahre 997 n. Chr. gegründet wurde, ist schwer nachzuweisen. Funde belegen zumindest, dass sich hier zum Ausklang der Wikingerzeit ein wichtiges Handelszentrum be-

Die ersten Sonnenstrahlen auf dem Nidarosdom in Trondheim.

fand. Von der Anlegestelle im Hafen sind es lediglich ein paar Gehminuten in die Innenstadt. Über die Bakke brua geht es über den Fluss Nidelva ins angesagteste und schönste Viertel der Stadt – Møllenberg. Schon von der Brücke aus hat man einen schönen Blick auf die alten Speicherhäuser am Flussufer und den Nidarosdom. Am besten zweigt man nach der Brücke rechts in die Straße Nedre Bakklandet ein, die direkt, parallel zum Fluss, zur hölzernen Gamle Bybrua führt. Auch von hier genießt man noch einmal einen schönen Blick auf die Speicherhäuser am Fluss. Früher war die Brücke der einzige Zugang zur inneren Stadt. Der Nidarosdom ist nun schon im Blickfeld und nur noch fünf Minuten entfernt. Der Dom ist eines der größten mittelalterlichen Bauwerke Norwegens. Schon um 1070 wurde mit dem Bau begonnen, die ältesten erhaltenen Teile stammen jedoch aus dem 12. Jahrhundert. Zahlreiche Brände haben dem Dom im Laufe der Zeit stark zugesetzt. 1869 wurde das Gebäude dann komplett restauriert. Heute ist das Gebäude das repräsentativste skandinavische Architekturdenkmal der Gotik. Vom Nidarosdom geht es zurück in die Innenstadt. Am zentralen Marktplatz (Torget) angekommen hat man die Möglichkeit, in einem der kleinen Restaurants eine kurze Pause zu machen. Ausgeruht geht es weiter in die nahe Ravnkloa Fiskhall. In der modernen Halle kann man Klipp- und Trockenfisch kaufen. Die Zeit drängt und so

Im bergigen Hinterland zwischen Molde und Kristiansund.

Typisches norwegisches Häuschen nahe Molde.

geht es langsam wieder zurück aufs Schiff. Sollte das Wetter nicht mitspielen, dann hat man die Möglichkeit, mehrere Museen zu besuchen. Im Sjøfahrtmuseum (Seefahrtsmuseum), dass am unteren Flusshafen liegt, werden die Zeiten dokumentiert, als das Schiff noch das einzige und wichtigste Verkehrsmittel an der Küste war (Öffnungszeiten: 1.6. bis 31.8., tgl. 10 bis 16 Uhr). Das Kunstindustriemuseum zeigt Kunsthandwerk aus mehreren Jahrhunderten. Arbeiten aus Glas, Keramik, Porzellan und Silber sind hier unter anderem zu bestaunen. Das Museum liegt zwischen dem zentralen Marktplatz und dem Nidarosdom (Öffnungszeiten: 1.6. bis 31.8. tgl. 10 bis 17 Uhr, sonst Di bis Sa 10 bis 15 Uhr, So 12 bis 16 Uhr). In Trondheim werden zwei organisierte Landausflüge angeboten. Auf der Route nach Norden steht zwischen Mai und September das Musikhistorische Museum auf dem Programm, auf der Süd-Route wird eine Stadtrundfahrt mit dem Bus angeboten.

Um 12 Uhr bläst das Horn zur Abfahrt. Es steht nun eine lange Strecke ohne Stopp bevor. Rørvik wird erst am Abend um 20.45 Uhr erreicht sein. Bis dahin geht es immer nahe an der Küste des Trøndelag entlang. Die Landschaft verändert sich, sie wird wilder und einsamer. Die saftigen grünen Wiesen werden von grauen Felskuppen und vereinzelt von dunklen Nadelwäldern abgelöst. Das Schiff stampft durch die mit tausenden von Schären übersäte Meeresbucht Frohavet und dann weiter in den mit Untiefen gespickten Stokksund. Kurz vor Rørvik liegt noch einmal eine kurze Strecke auf dem offenen Meer vor uns, die als Folda bekannt ist. Das mulmige Gefühl in der Magengegend hält jedoch nicht lange, dann gelangt das Schiff in den geschützten Nærøysund – dem Tor zu »Nordland«. Am Abend erreichen wir den Hafen von Rørvik. Am Kai hat man eine der wenigen Möglichkeiten das nord- und das südgehende Schiff zu fotografieren, die für ein paar Minuten gemeinsam im Hafen liegen.

4. Tag: Brønnøysund – Svolvær

In der Nacht hat das Schiff Brønnøysund, Sandnessjøen und Nesna angelaufen. In den frühen Morgenstunden überquert das Hurtigruten-Schiff den Polarkreis. Das Modell einer Weltkugel auf einer kleinen Schäre weist relativ unspektakulär auf dieses Ereignis hin. Das Oberdeck ist voll, keiner will sich den Polarkreis entgehen lassen. Kurze Zeit später kommt das Eis-

Im Winter droht Honningsvåg im Schnee zu ersticken.

feld des Svartisen-Gletschers in Sicht. Der Gletscher ist mit seinen 370 Quadratkilometern Fläche der zweitgrößte Gletscher Norwegens. Im Rahmen eines angebotenen Landausflugs kann man dem Gletscher ganz nahe kommen. Die Passagiere steigen bei der Insel Grønøy an Bord eines kleinen Schiffes, das sich durch die Meerengen in den Hollandfjord schlängelt. Dort angekommen geht es an Land und ganz nah an die Gletscherzunge heran. Nach der Besichtigung des Gletschers fahren wir per Bus auf der Straße 17 weiter Richtung Norden. Höhepunkt dieser Bustour nach Bodø ist der Besuch des Saltstraumen, der zum Gezeitenwechsel mit bis zu 20 Knoten durch den lediglich 150 Meter breiten Sund zwischen dem Saltfjord und dem Skjerstadfjord schießt. Der Saltstraumen genießt den Ruf, der stärkste Mahlstrom der Welt zu sein. Nach 6 Stunden kommt der Bus in Bodø an. Wer an Bord des Schiffes geblieben ist, der erreicht um 9 Uhr das verschlafene Fischernest Ørnes, das sich zu Füßen des markanten Berges Spilderhesten ausbreitet. Schon eine halbe Stunde später geht es wieder weiter. Die Landschaft ist nun atemberaubend schön. Von Deck aus genießt man noch eine Weile lang die wilde Fjord- und Gebirgslandschaft, bis auch das Schiff um 12.30 Uhr in Bodø einläuft. Das Hurtigruten-Schiff lichtet die Anker erst wieder um 15 Uhr, so dass ein wenig Zeit bleibt, die Stadt zu besichtigen.

Die Hauptstadt Nordlands

Besonders schön ist Bodø nicht. Im Zweiten Weltkrieg wurde die Stadt fast vollständig zerstört und erhielt in den Nachkriegsjahren ihr zweckmäßiges Gesicht. Die NATO entdeckte Bodø bald als strategisch wichtigen Ort im Nordmeer, von dem die sowjetischen Marineverbände beobachtet wurden. Auch heute noch ist das Militär stark präsent. 42 000 Einwohner leben in der Hauptstadt des Regierungsbezirks Nordland in erster Linie von der Verwaltung, dem Fischfang und dem Militär. Die Fußgängerzone unweit des Hafengeländes ist eigentlich das einzig Sehenswerte in der Stadt. Am besten fährt man mit dem Taxi in zehn Minuten auf das 150 Meter hohe Rønvik-Fjell, von wo aus man an schönen Tagen bis zu den Lofoten sehen kann. Bei schlechtem Wetter lohnt ein Besuch des Nordlandmuseums. Im Hauptgebäude sind Ausstellungen zu Fischern und zur samischen Kultur zu sehen (Öffnungszeiten: Mo bis Fr 9 bis 15 Uhr, Sa und So 12 bis 15 Uhr, Info: www.museumsnett.no /nordlandmuseet).

Die Lofoten

Um 15 Uhr geht es weiter. Die Lofoten rufen. Nach kurzer Zeit gleitet das Schiff in den Vestfjord, der wie ein Keil zwischen den Lofoten und dem Festland sitzt. Die Strecke auf offenem Meer ist nicht ungefährlich, früher war die Querung regelrecht ein ernstes Unterfangen. Bald tauchen im Westen die Inseln von Røst auf. Nördlich von Røst kommt die 400 Meter hohe Insel Værøy ins Blickfeld und noch ein Stück weiter im Norden erhebt sich die mächtige Lofotenwand. Über 100 Kilometer zieht sich diese mächtige Wand von Süd nach Nord. Die vier Hauptinseln Moskenesøya, Flakstadøya, Vestvågøya und Austvågøya, heute alle durch Brücken miteinander verbunden, bilden die Inselgruppe der Lofoten. Auch heute noch leben die meisten der 25 000 Einwohner der Lofoten überwiegend vom Fischfang. Die besten Zeiten sind jedoch längst vorbei. Während in den fünfziger Jahren des letzten Jahrhunderts 20 000 Fischer aus ganz Norwegen noch 116 000 Tonnen Kabeljau aus dem Meer holten, so sind es heute noch knapp 20 000 Tonnen. Der Tourismus wird als Einnahmequelle immer wichtiger. Wer in den Wintermonaten und im Frühling die Lofoten besucht, der wird aber immer noch die großen Holzgestänge bewundern können, auf denen tausende von Fischen zum Trocknen aufgehängt sind.

Um 19 Uhr fährt das Hurtigruten-Schiff in den Hafen von Stamsund ein. Stamsund liegt auf der Insel Vestvågøya und gehört mit 1400 Einwohnern zu den größten Orten auf der Inselgruppe. Der Ort ist idealer Ausgangspunkt für Rundtouren auf die Inseln. Lohnenswerte Ziele in der Umgebung sind die Fischerdörfchen Reine, Å, Moskenes und Sørvågen im Süden der Insel Moskenesøya, das Fischerdorf Hennigsvær auf Austvågøya, der wunderschöne Nusfjord mit seinen gut erhaltenen Fischerhütten auf Flakstadøya sowie das Lofotr Vikingermuseum nahe dem Ort Borg auf Vestvågøya, dass mit einem originalgetreu nachgebauten, 83 Meter langen Langhaus aus der Wikingerzeit aufwarten kann (Öffnungszeiten: Juni bis Aug. tgl. 10 bis 19 Uhr, Mai, Sept. 11 bis 17 Uhr, Sept. bis Mai Fr. 13 bis 15 Uhr, Info: www.lofotr.no).

Um 19.30 Uhr macht sich das Hurtigruten-Schiff wieder auf Richtung Norden. Nächste Station ist Svolvær, die mit 4000 Einwohnern größte Stadt der Inselgruppe. Das Schiff läuft um 21 Uhr im Hafen ein. Da die Liegezeit auf der Route nach Norden nur 30 Minuten beträgt, bleibt nicht viel Zeit, um sich den schönen Ort näher anzusehen. Am besten spaziert man schnell ein wenig am Hafen entlang zu den Fischkuttern, die hier in den Wintermonaten zwischen Februar und März dicht an dicht liegen. Über der Stadt erheben sich mächtige, zackige Felsenberge – ein traumhaftes Postkartenmotiv. Um 21.30 Uhr geht es schon wieder weiter. Auf der Rückfahrt hat man eine ganze Stunde Zeit, die Stadt ein wenig näher zu erkunden. Das Hurtigruten-Schiff nimmt nun Kurs auf den spektakulären Raftsund, einer an manchen Stellen nur 100 Meter breiten, 30 Kilometer langen Fahrrinne, die die Lofoten von den Vesterålen-Inseln trennt. Der Streckenabschnitt nach Norden wird nachts zurückgelegt, so dass die meisten Passagiere erst südgehend in den Genuss dieses außergewöhnlichen Streckenabschnittes kommen.

5. Tag: Stokmarknes – Skjervøy

In der Nacht verschlafen wir die Orte Stokmarknes, Sortland und Risøyhamn. Alle drei Orte liegen auf der Vesterålen Inselgruppe nördlich der Lofoten. Auch hier sind die drei Hauptinseln Langøya, Hinnøya und Andøya durch Brücken miteinander verbunden. Um 6.45 Uhr läuft das Hurtigruten-Schiff in den Hafen von Harstad ein. Der Aufenthalt beträgt 1:15

Der Ort Sørvågen auf den Lofoten.

Ein wolkenverhangener Tag auf den Lofoten.

Stunden, so dass kaum Zeit bleibt, die Stadt näher zu erkunden. Harstad ist mit seinen 23 000 Einwohnern neben Tromsø das wichtigste Handels- und Verkehrszentrum des Bezirks Troms. Fischverarbeitung und Schiffsbau waren bis vor kurzem wichtigste Wirtschaftsfaktoren. Die Erdölförderungsaktivitäten vor der nordnorwegischen Küste geben heute jedoch die größten Wachstumsimpulse. Der Hafen liegt unweit des Zentrums, so dass ein kurzer Morgenspaziergang möglich ist. In zehn Minuten ist man im Zentrum der Stadt angelangt. Die schöne Fußgängerzone lädt zu einem Kaffee im Freien ein. Zurück am Hafen kann man für kurze Zeit die Schiffe der nord- und der südgehenden Route nebeneinander bewundern.

Um acht Uhr geht es dann wieder los. Das Schiff nimmt nun Kurs auf Senja, der mit 1590 Quadratkilometern zweitgrößten Insel Norwegens. Im Norden von Senja sieht man gewaltige, bis zu 1000 Meter hohe Berge aufsteigen. Lediglich die Lofoten und die Lyngen-Alpen im Norden können es von der Dramatik mit diesen Felsenbergen aufnehmen. Die Route der Schiffe führt jedoch nicht an der spektakulären Nordseite der Insel vorbei. Die Schiffe gleiten südlich der Insel zuerst in den engen Tranøyfjord, der in den Solbergfjord übergeht und schließlich in den Gisund mündet. Die 1150 Meter lange Gisund-Brücke überspannt an der engsten Stelle den Sund und schafft damit eine Verbindung zwischen der Insel Senja und

Ein Hurtigruten-Schiff stampft durch den Raftsund.

dem Festland. Am Festland-Brückenkopf liegt der kleine Ort Finnsnes, der nächste Anlaufhafen der Hurtigruten. Etwa 4500 Einwohner leben hier in erster Linie vom Fischfang.

Um 11.45 Uhr geht es weiter Richtung Norden. Unter der Gisundbrücke gleitet das Schiff in den gleichnamigen Sund. Es folgt eine spektakuläre mehrstündige Fahrt durch den engen Sund. Die Küste scheint manchmal zum Greifen nahe. Der Gisund geht in den ebenso engen Straumsfjord über, der zwischen der Insel Kvaløy und dem Festland verläuft. Der an einer Engstelle verlaufende Rystraumen, der eine Geschwindigkeit von 6 Knoten erreichen kann, ist das letzte Hindernis, bevor das Schiff den Balsfjord und damit Tromsø erreicht.

Das »Paris des Nordens«

Das Hurtigruten-Schiff fährt um 14.30 Uhr in den Hafen von Tromsø ein. Weiter geht es erst vier Stunden später, so dass genügend Zeit für einen Stadtbummel bleibt. Die Stadt Tromsø liegt wunderschön auf der Insel Tromsøya mitten im Balsfjord. Mit mehr als 60 000 Einwohnern und einer Fläche von 2520 Quadratkilometern ist sie größte Metropole des Nordens.

Tromsø war Ausgangspunkt mehrerer großer Arktisexpeditionen. Fridtjof Nansen und Roald Amundsen starteten von hier ihre berühmten Expeditionen in den hohen Norden. Die Stadt gilt auch heute noch als die Pforte zum Eismeer. Das moderne Tromsø ist noch immer eine bedeutsame Schifffahrts- und Fischereistadt, doch hat es sich gleichzeitig zu einem wichtigen Handels- und Dienstleistungszentrum entwickelt und wird als führendes Wachstumszentrum Nordskandinaviens bezeichnet. Da die Stadt während des Zweiten Weltkrieges von Zerstörungen weitgehend verschont blieb, konnte das alte Erscheinungsbild zum großen Teil erhalten bleiben. Tromsø ist Universitätsstadt. Mehr als 4000 Studenten sind an der »nördlichsten Universität der Welt« eingeschrieben. Sie halten die Stadt jung und modern. Die Vielzahl der kulturellen Veranstaltungen, die vielen Restaurants, Pubs und Discos brachten der Stadt den Spitznamen »Paris des Nordens« ein.

Im Rahmen des Hurtigruten-Programms wird auf der Route nach Norden eine Busrundfahrt durch Tromsø angeboten. Wer gut zu Fuß ist, der kann die meisten Sehenswürdigkeiten aber auch bei einem ausgedehnten Spaziergang bewundern. Vom Hafen sind es lediglich ein paar Gehminuten in die nette Fußgängerzone mit ihren vielen Geschäften und Restaurants.

Blick über den Raftsund auf die schneebedeckten Berge der Lofotenwand.

Wer auf die große Tromsøbrücke will, der muss einen Fußmarsch von 20 Minuten einplanen. Von der 1036 Meter langen und 38 Meter hohen Brücke hat man einen schönen Blick auf den Balsfjord und die Stadt. Wenn man schon einmal auf der Brücke steht, dann sollte man ein paar Minuten weitergehen und die berühmte Eismeerkathedrale besuchen. Direkt am Brückenkopf erhebt sich die Kirche, deren äußere Form an die mächtigen Trockenfisch-Gestelle der Lofoten erinnert. Auch Polarnacht, Mitternachtssonne und Nordlicht sollen symbolisch in der Architektur zu sehen sein (Öffnungszeiten: 1. bis 31. Mai tgl. 16 bis 18 Uhr, 1. Juni bis 15. Aug. Mo bis Fr 10 bis 20 Uhr, So 13 bis 20 Uhr, 16. Aug. bis 31. Mai tgl. 16 bis 18 Uhr). Die Eismeerkathedrale wird auch im Rahmen der angebotenen Stadtrundfahrt angefahren. Wer noch Zeit hat, der sollte von der Eismeerkathedrale einen kleinen Abstecher zur Gondelbahn auf den 420 Meter hohen Storsteinen machen. Von dort oben hat man an klaren Tagen einen tollen Blick auf die Stadt und die umliegenden Berge und Fjorde (Öffnungszeiten: 1. April bis 30. Sept. tgl. 10 bis 17 Uhr, März Sa, So 10 bis 17 Uhr, 20. Mai bis 20. Aug. tgl. 10 bis 1 Uhr, Info: www.fjellheisen.no). Wem das zu viel ist, der hat auf der Rückfahrt bei schönem Wetter die Möglichkeit, im Rahmen eines Ausflugs »bei Nacht« die Mitternachtssonne vom Berg aus zu erleben. Bei schlechtem Wetter empfiehlt sich der Besuch eines von mehreren Museen. Sehenswert ist das Tromsø-Museum, das in mehreren Abteilungen über Geologie, Flora und Fauna des Landes informiert. Eine Abteilung ist den Samen gewidmet (Öffnungszeiten: 15. Mai bis 14. Juni 9 bis 18 Uhr, 15. Juni bis 14. Aug. 9 bis 20 Uhr, 15. Aug. bis 14 Sept. 9 bis 18 Uhr). Das Polarmuseum beschäftigt sich mit den großen Expeditionen in den Norden (Öffnungszeiten: 16. Mai bis 15. Juni tgl. 11 bis 17 Uhr, 16. Juni bis 15. Aug. tgl. 10 bis 19 Uhr, 15. Aug. bis 15. Sept. 11 bis 17 Uhr, Info: www.polarmuseum.no). Die Barentsregion und das nördliche Polargebiet sind Hauptthema des Erlebniszentrums Polaria (Öffnungszeiten: 18. Mai bis 15. Aug. tgl. 10 bis 19 Uhr, sonst tgl. 12 bis 17 Uhr).

Um 18.30 Uhr bläst das Schiff zur Abfahrt. Das Hurtigruten-Schiff verlässt den Hafen der letzten Großstadt vor dem Nordpol. Nach kurzer Fahrtzeit erblickt man im Osten die Lyngen-Alpen, die Alpen Nordnorwegens. Die über 100 Kilometer lange Bergkette zählt zu den schönsten im ganzen Land. Am späten Abend gegen 22.15 Uhr kommt das Schiff in Skjervøy an. Das 2400-Seelen-Nest liegt in einer geschützten Hafenbucht, umgeben von bis zu 1200 Meter hohen Bergen. Es wird allmählich Zeit, ins Bett zu gehen.

Ein einsames Fischerboot im Raftsund.

Ein Frachtschiff verlässt den Hafen von Tromsø.

6. Tag: Øksfjord – Berlevåg

In der Nacht passiert das Schiff die Grenze der Finnmark, Norwegens nördlichster und einsamster Provinz. Die Finnmark umfasst eine Fläche von 48 000 Quadratkilometern. Auf dieser riesigen Fläche leben jedoch nur 73 000 Menschen. Die Finnmark ist damit eine der am dünnsten besiedelten Regionen in ganz Europa. Wir verschlafen Øksfjord und erreichen um 5.15 Uhr Hammerfest, die nördlichste Stadt der Welt. Die meisten Passagiere werden auch Hammerfest verschlafen, da bereits um 6.45 Uhr die Anker wieder gelichtet werden. Auf der Rückfahrt hat man dann die Möglichkeit, die Stadt am Nachmittag näher zu erkunden. Das Schiff fährt nun entlang der Finnmark-Küste am Nordrand der arktischen Tundra. Karge, baumlose Felsküste begleitet uns bis nach Havøysund, einem 1500-Einwohner-Nest mit farbenfroh gestrichenen Holzhäusern. Nach 30 Minuten geht es weiter. Das Hurtigruten-Schiff nimmt Kurs auf Magerøya, die Nordkapinsel. Um 11.45 Uhr erreichen wir Honningsvåg. 3500 Einwohner zählt der Ort, der überwiegend von der Fischerei und dem Tourismus lebt. Von Honningsvåg wird ein Landausflug zum 44 Kilometer entfernten Nordkap angeboten. Ein Ausflug, den man sich nicht entgehen lassen sollte. Ein steiler Pass windet sich 312 Meter in die Höhe. Nach 45 Minuten entlang karger, baumloser Tundra ist das Nordkap-Plateau erreicht. 71°10'21" nördlicher Breite – der nördlichste Punkt Europas ist erreicht. Von hier aus sind es noch 2090 Kilometer bis zum Nordpol. Schnell ein Foto vor dem 1978 aufgestellten Modell der Weltkugel und dann

Sommer auf der Varanger-Halbinsel.

Blick von Norwegen nach Russland, nahe Kirkenes an der Barentssee.

Abendessen ein wenig Vorsicht walten lassen. Das Schiff nimmt Kurs auf die einsame Varanger-Halbinsel. Um 22.15 Uhr legt das Schiff im Hafen von Berlevåg an. Lange Zeit konnte der Ort von den Hurtigruten-Schiffen nicht angelaufen werden, zu ungeschützt war der Hafen der stürmischen Barentssee ausgeliefert. Bis zu zehn Meter hohe Wellen rauschen hier an die Küste. Seit 1975 ist der Hafen durch riesige Tetrapolder geschützt. Berühmt wurde der Fischerort durch seinen Männerchor, der die norwegischen Charts mit einem Seemannslied stürmte.

Siebter Tag: Båtsfjord – Kirkenes

In der Nacht legt das Schiff in Båtsfjord und Vardø an. Gegen 7.45 Uhr ist dann Vadsø erreicht, das gut geschützt inmitten des Varangerfjords liegt. Die 6000 Einwohner zählende Stadt ist heute administratives Zentrum der Finnmark. Im 19. Jahrhundert kam es zu Einwanderungswellen aus dem nahen Finnland. 1875 war die Hälfte aller Bewohner im nördlichen Teil der Varanger-Halbinsel finnischen Ursprungs. Die Gruppe der Kvæner ist voll in die Gemeinschaft integriert. Viele der 6000 Einwohner sind auch heute noch der finnischen Sprache mächtig. Der Handel mit dem lediglich 175 Kilometer entfernten Russland und dem nahen Finnland schuf wichtige Wachstumsimpulse und brachte der Stadt erheblichen Wohlstand.

Der Wendepunkt der Reise

Das Schiff nimmt nun Kurs auf Kirkenes. Der Golfstrom verliert hier immer mehr von seiner wärmenden Wirkung. Im Winter kann es deshalb passieren, dass der Bøkfjord, an dessen Ende Kirkenes liegt, zufriert. Um 10 Uhr läuft das Schiff in Kirkenes ein, dem Wendepunkt der Reise. Kirkenes lag bis zum Ende des Kalten Krieges relativ isoliert an der Barentssee. Im Osten ist Russland lediglich zehn Kilometer entfernt und auch nach Finnland im Süden sind es nur 35 Kilometer. Das Ende des Kalten Krieges brachte die Wende. Der Handel mit den Nachbarn im Osten begann wie in früherer Zeit zu blühen. Bis 1996 lebte die Stadt von den riesigen Erzvorkommen bei Bjørnevatn. Drei Millionen Tonnen Erz wurden jährlich aus dem Fels geholt, bis der Abbau zu teuer wurde, und man die Gruben stilllegte. Heute lebt die 10 000-Einwohner-Stadt in erster Linie von der Kleinindustrie, Schiffsreparaturen, dem immer wichtiger werdenden Tourismus und dem Handel mit Russland.

Im Zweiten Weltkrieg war Kirkenes für die deutsche Wehrmacht die Basis für ihre Angriffe auf Murmansk, dem wichtigsten Versorgungshafen der Russen. Große Angriffswellen wurden geflogen, zeitweise waren bis zu 30 000 deutsche Soldaten hier stationiert – umsonst, Murmansk blieb in russischer Hand. Die Rote Armee flog ihrerseits über 300 Bombenangriffe auf Kirkenes und verwüstete die Stadt total. Im Oktober 1944

Die »Richard With« im Hafen von Kirkenes.

gelang es der Roten Armee, die Stadt oder was davon übrig geblieben war, zu befreien. Kirkenes wurde wieder aufgebaut und war in der Zeit des Kalten Krieges wichtiger Außenposten für die NATO. Auge in Auge standen sich die verfeindeten Blöcke hier gegenüber.

Vom Hurtigruten-Hafen sind es etwa 15 Minuten bis in die Innenstadt. In der kleinen Fußgängerzone gibt es viele nette Läden und Restaurants. Um sich einen Überblick zu verschaffen, wandert man am besten auf den Aussichtspunkt Prestfjellet oberhalb des Zentrums. Von hier hat man einen schönen Blick auf die Stadt und die Umgebung. Im Rahmen eines Hurtigruten-Landausfluges hat man die Möglichkeit, die nahe russische Grenze bei Storskog zu besuchen. Wer lieber ein Museum besuchen will, dem sei das etwa ein Kilometer außerhalb der Stadt gelegene Grenzlandmuseum empfohlen. Es vermittelt einen umfassenden Einblick in die Geschichte der Stadt und des Grenzgebietes. Darüber hinaus informiert es über Natur und Kultur dieser Region (Öffnungszeiten: Mitte Juni bis Mitte Aug. tgl. 10 bis 18 Uhr, sonst 10 bis 15.30 Uhr, Information Kirkenes: www.kirkenesinfo.no). Nach 2.45 Stunden geht es weiter. Die Tour nach Süden beginnt.

SÜD GEHENDE ROUTE

SIEBTER TAG: KIRKENES – BERLEVÅG

Vadsø wird lediglich auf der nordgehenden Tour angelaufen, und so ist Vardø ein Stück weiter nördlich das nächste Ziel. Um 15.30 Uhr legt das Hurtigruten-Schiff im Hafen an. Vardø ist mit 2400 Einwohnern die östlichste Stadt Norwegens. Sie liegt auf 71° Nord und 31° Ost und somit östlicher als St. Petersburg oder Istanbul. Die Stadt liegt auf einer Insel, die durch Norwegens erstem Meerestunnel (2800 m lang, 88 m tief) mit dem Festland verbunden wurde. Bis zu Beginn des Kalten Krieges war Vardø Zentrum des Handels mit Russland. Über 40 Jahre lang schlossen sich dann die Grenzen, der Handel kam zum Erliegen. Seit den politischen Umwälzungen Anfang der neunziger Jahre des 20. Jahrhunderts blüht der Handel wieder auf, wovon die ganze Region profitiert. Hauptsehenswürdigkeit der Region ist die Festung Vardøhus, die 1738 fertig gestellt wurde. Die Festung sollte vor russischen Übergriffen schützen. Es kam jedoch nie zu einem Angriff.

Der Stadt Honningsvåg gilt als das Tor zum Nordkap.

Um 16 Uhr legt das Schiff wieder vom Kai ab. Es geht nun, entlang der wildschönen Küste der Varanger-Halbinsel, kontinuierlich Richtung Westen, bis um 20 Uhr der Ort Båtsfjord erreicht ist. Knapp 2400 Menschen leben hier, in erster Linie von der Fischerei. Die Gewässer in der Umgebung sind hier derart fischreich, dass der Ort zu den größten Fischereisiedlungen in Norwegen zählt (gemessen am Geldwert der Fangmengen). Nach 30 Minuten geht es weiter. Ziel ist erneut Berlevåg, das sowohl nord- wie südgehend nachts angefahren wird. Um 22 Uhr fährt das Hurtigruten-Schiff in den geschützten Hafen ein.

ACHTER TAG: MEHAMN – TROMSØ

Nachts passiert das Hurtigruten-Schiff wieder die Öffnung des Tanafjordes und die Nordkinn-Halbinsel, legt in Mehamn (0.45 Uhr) und Kjøllefjord an und erreicht um 10.45 Uhr Honningsvåg. Wer auf der Hinfahrt das Nordkap verpasst hat oder aus wettertechnischen Gründen nicht sehen konnte, der bekommt jetzt eine zweite Möglichkeit dazu. Im Rahmen eines Hurtigruten-Landausflugs geht es jetzt noch mal zum Nordkapfelsen, wo man ein (hoffentlich) unvergessliches Frühstück genießen kann. Von dort geht es mit dem Bus durch den Nordkaptunnel auf das Festland der Finnmark. Am Porsangerfjord entlang führt die Fahrt nach Olderfjord und via Skaidi zum

Die E 69 führt entlang malerischer Buchten und Fjorde zum Nordkap.

Im »Ort« Grense-Jakobslev an der norwegisch-russischen Grenze.

Kvalsund, über den sich die nördlichste Hängebrücke der Welt spannt. Auf der Insel Kvaløya angekommen führt die Bustour ins nahe Hammerfest. Da man die Hurtigruten-Strecke Honningsvåg – Hammerfest bereits auf der Hinfahrt tagsüber gesehen hat, ist der angebotene Landausflug wirklich empfehlenswert. Das Hurtigruten-Schiff hat in der Zwischenzeit den Hafen von Havøysund angelaufen (8 Uhr) und erreicht Hammerfest um 11.15 Uhr. Weiter geht es erst um 12.45 Uhr, so dass ein wenig Zeit für einen Stadtbummel bleibt. 7000 Einwohner leben hier auf der Höhe Mittelgrönlands.

Die nördlichste Stadt der Welt

Um es vorweg zu sagen, Hammerfest ist keine schöne Stadt. Die Häuser wurden nach der totalen Zerstörung im Zweiten Weltkrieg äußerst funktionell wieder aufgebaut. Die Straßen sind wegen des feuchtkalten Klimas nicht im besten Zustand. Mitten im Stadtzentrum kann es einem passieren, dass eine Gruppe von Rentieren über die Straße läuft. Die Tiere haben hier oben seit Jahrtausenden ihre Sommerweiden und lassen sich diese auch von den zugezogenen Menschen nicht streitig machen. Bei schönem Wetter empfiehlt sich ein Abstecher auf den Hammerfest-Panoramaweg, der gleich im Stadtzentrum beginnt und auf den 86 Meter hohen Aussichtspunkt Salen führt. Von hier hat man einen schönen Blick auf die Stadt und den Sørøysund. Sollte das Wetter nicht mitspielen, dann kann man dem »Wiederaufbaumuseum« einen Besuch abstatten. Es informiert anschaulich über die Geschehnisse im Zweiten Weltkrieg und vor allem über den Wiederaufbau (Öffnungszeiten: 25.8. bis 15.6. tgl. 11 bis 14 Uhr, 16.6. bis 24.8. tgl. 9 bis 17 Uhr, Info Hammerfest: www.hammerfest-turist.no).

Um 12.45 Uhr verlassen wir die nördlichste Stadt der Welt. Das Schiff stampft in den Sørøysund. An Backbord erscheinen die über 1000 Meter hohen Berge der Insel Seiland. Ein wenig weiter im Süden kommen die spitzen, zackigen Berge von Stjernøya ins Blickfeld, die noch eine Stufe spektakulärer sind. Mit »Natur und Einsamkeit pur«, könnte man die Strecke zwischen Hammerfest und dem nächsten Anlegehafen in Øksfjord am besten beschreiben. Am Nachmittag um 15.15 Uhr legt das Schiff in Øksfjord an. Gegenüber vom Ort liegt der Gletscher Øksfjordjøkelen, dessen Gipfel 1200 Meter übersteigt. Er ist der größte norwegische Gletscher nördlich des Svartisen. Nach einer halben Stunde verlässt das Schiff den Hafen und gleitet in den Stjernsund. Das Schiff dreht erst auf Nordwest, um dann den Weg Richtung Süden einzuschlagen. Es folgt ein kurzes, aber sehr bewegtes Stück auf dem offenen Meer, bis wir die Mündung des 70 Kilometer langen Kvængenfjord erreichen. Um 19.15 Uhr kommt das Schiff in dem kleinen Ort Skjervøy an. Das Abendessen ruft und die Vorfreude auf die Vesterålen und Lofoten beginnt zu steigen.

Neunter Tag: Tromsø – Stamsund

Kurz vor Mitternacht läuft das Schiff erneut in Tromsø ein. Sollte das Wetter passen, dann wird es für viele eine kurze Nacht. Im Rahmen eines (diesmal nächtlichen) Landausfluges können die Passagiere einen Abstecher auf den Storsteinen, den Hausberg Tromsøs, machen. Aus 420 Meter Höhe ist zwischen Mai und Juli die Mitternachtssonne zu bewundern.

Um 1.30 Uhr heißt es wieder »Leinen los«. Das Schiff passiert in der Nacht die Insel Senja und den Hafen Finnsnes, quert den Vågsfjord und läuft um 7.30 Uhr in Harstad ein. In Harstad besteht die Möglichkeit im Rahmen eines Landausfluges die Strecke nach Sortland mit dem Bus zurückzulegen. Man steckt hier in einer Zwickmühle. Einerseits bietet ein Landausflug immer eine gewisse Abwechslung zum »Schiffstrott«, andererseits gehört die Passage zwischen Harstad und Sortland zu den schönsten Streckenabschnitten der ganzen Reise. Ich persönlich ziehe den Aufenthalt auf dem Schiff vor. Von Harstad aus macht sich das Schiff auf in den engen und von hohen, bis zu 1000 Meter hohen, steil in das Meer abfallenden Bergen geprägten Toppsund – eine wahre Augenweide. Es folgt die Querung des Andfjordes bevor das Schiff in die schmale Risøyrinne gelangt, die zwischen den Inseln Hinnøya und Andøya verläuft. Der Kanal wurde auf viereinhalb Kilometer Länge ausgebaggert und 1922 eingeweiht. Am Eingang zum Kanal liegt der Ort Risøyhamn. Sage und schreibe 214 Einwohner leben hier zufrieden mit sich und der Welt. Risøyhamn ist der einzige Hafen, der auf der Insel Andøya angelaufen wird und bietet sich für einen Abstecher nach Andenes (zur Walbeobachtung!) an. Um 11.30 Uhr verlässt das Hurtigruten-Schiff den Hafen und gleitet in den Risøysund. Man befindet sich jetzt im Zentrum der Vesterålen-Inseln. Im Norden liegt Andøya, im Westen Langøya und im Osten Hinnøya. Nach zwei Stunden entlang teils unberührt anmu-

An manchen Stellen ist der enge Raftsund nur 100 Meter breit.

tender Natur, unterbrochen von landwirtschaftlich genutzten Flächen, erreichen wir die rund 4000 Einwohner zählende Hauptstadt der Inselgruppe. Sortland liegt schön am Ende des Sortlandsund mit Blickkontakt auf die ein wenig weiter südlich verlaufende Lofotenwand. Sortland ist Hauptquartier der norwegischen Küstenwache, was an den vielen schnittigen Booten im Hafen unschwer zu erkennen ist. Um 13.30 Uhr verlässt das Schiff den Hafen und macht sich auf in den Sortlandsund, der bald in den Hadselfjord übergeht. In den nächsten zwei Stunden genießt man einen traumhaften Blick auf die einzigartige Lofotenwand im Süden. Um 14.45 Uhr erreicht das Schiff Stokmarknes. 3800 Einwohner leben hier in der so genannten »Heimatstadt der Hurtigruten«. 1881 gründete Richard With die Vesterålen Dampskibsselskab, den Vorläufer der späteren Hurtigruten-Schifffahrtslinie. Ein Denkmal an der Anlegestelle ehrt den »Vater« der Hurtigruten. Direkt am Hafen liegt auch das aufgedockte Hurtigruten-Schiff »MS Finnmarken«, das 1956 erbaut und 1999 vollständig restauriert wurde. 1993 wurde anlässlich des 100-jährigen Hurtigruten-Jubiläums das Hurtigruten-Museum eröffnet. Auf drei Stockwerken kann man sich anhand von Gemälden, Schiffsmodellen, Filmen und einer Diashow über die Geschichte der Postdampferlinie informieren (Öffnungszeiten: 15.6. bis 15.8. tgl. 10 bis 18 Uhr, sonst Mo bis Fr 14 bis 16 Uhr, Sa ab 12 Uhr).

Die Berge der Lofotenwand spiegeln sich in einem Tümpel.

Raftsund und Trollfjord

Die Schiffspassage, die nun folgt, zählt zu den absoluten Highlights einer Hurtigruten-Reise – die Fahrt durch den Raftsund sowie der Abstecher in den Trollfjord. Das Schiff quert den Hadselfjord und erreicht etwa eine Stunde später den Eingang zum oft nur wenige hundert Meter breiten und 30 Kilometer langen Sund, der die Lofoten von den Vesterålen-Inseln trennt. Das Boot gleitet langsam durch türkisfarbenes Wasser, rechts und links erheben sich die steilen Berge der Lofotenwand. Dann macht das Schiff einen Bogen und stampft ganz langsam in einen atemberaubend engen Fjord – den Trollfjord. Der Fjord ist lediglich zwei Kilometer lang und oft weniger als 100 Meter breit. Nur bei schönem Wetter wagen sich die Schiffe hier herein. Am Ende des Fjords muss das Schiff auf der Stelle drehen, um wieder herauszukommen. Es gibt keinen Streckenabschnitt auf den gesamten Hurtigruten, wo man Bergen und Felsen so nahe kommt. Nur schwer trennt man sich von diesem Spektakel.

Langsam geht es wieder zurück. Um 18 Uhr läuft das Schiff im Hafen von Svolvær ein. Die mit 4500 Einwohnern größte Stadt auf den Lofoten liegt auf einem Gewirr von Schären, Inseln und Halbinseln. In ihrem Rücken erheben sich bis zu 700 Meter hohe, wildgezackte Berge. Den schönsten Blick über den Ort auf die Berge bietet der kleine Hafen. Da das Hurtigruten-

Schiff bei der Fahrt in den Süden eine volle Stunde im Hafen liegt, lohnt es sich, an den Holzstegen am Hafen entlangzuflanieren oder sich bei einer Tasse Kaffee in einem der netten Restaurants direkt am Pier zu entspannen. Über eine kleine Brücke erreicht man das schöne Rica Hotel, das auf einer kleinen Insel im Hafen liegt. Auf der Holzterrasse genießt man einen traumhaften Blick auf den Hafen und die ein- und auslaufenden Fischerboote.

In Svolvær sollte man unbedingt den angebotenen Landausflug wahrnehmen. Mit dem Bus geht es entlang einer spektakulären Landschaft nach Henningsvær. Das Dorf liegt auf einer kleinen Insel und ist über zwei Brücken mit der Hauptinsel Austvagøya verbunden. Im Winter, zur Hauptfangzeit des Kabeljaus, ist der kleine Hafen überfüllt mit Fischkuttern. Rund um den Hafen stehen viele alte, sehenswerte Fischerhäuser. Außerdem empfehlenswert ist Galleri Lofotens Hus mit der umfangreichsten Kunstsammlung Nordnorwegens. Gezeigt wird darüber hinaus ein interessanter Diavortrag des Malers und Fotografen Karl Erik Harr über die Naturschätze der Lofoten.

Zurück auf der E 10 geht es über die Sundklakkstraumenbrücke auf die Insel Vestvagøy und auf der 815 weiter nach Stamsund, wo das Hurtigruten-Schiff schon wartet. Um 22.15 Uhr heißt es Abschied nehmen von den Lofoten, das Schiff verlässt den Hafen in den Vestfjord.

Sonnenuntergang über der Barentssee an der norwegisch-russischen Grenze.

Zehnter Tag: Bodø – Rørvik

In der Nacht hat das Schiff den Hafen von Bodø angelaufen. Um 4 Uhr morgens geht es weiter, vorbei an wilder, spektakulärer Gebirgs- und Küstenlandschaft. Um 6.45 Uhr erreichen wird Ørnes. Schnell wird das Schiff be- und entladen und schon geht es weiter in den schönen Meløyfjord. Im Rücken noch das weiß glitzernde Eisfeld des Svartisen Gletschers, überqueren wir, wie auf der Hinfahrt auch, frühmorgens den Polarkreis. Rechter Hand steigt die 568 Meter hohe Insel Hestmannøy aus dem Meer. Der Küstenstreifen bis nach Nesna, dem nächsten Anlegehafen, gehört zu den schönsten der ganzen Reise, so dass ein Aufenthalt auf dem Panoramadeck oder auf einem der Oberdecks wärmstens zu empfehlen ist. Um 10.45 Uhr erreicht das Schiff Nesna. Auf einer Landspitze zwischen Sjonafjord und Ranafjord liegt das bunte 1000-Einwohner-Dörfchen. Die Gegend ist regelrecht bekannt für ihre guten Möglichkeiten, Bergtouren zu unternehmen oder zu angeln.

Nach dem Auslaufen aus dem Hafen geht es lange an der Insel Dønna entlang, bis nach etwa zwei Stunden Sandnessjoen in Sicht kommt. Die Stadt mit ihren 7000 Einwohnern bildet den wichtigsten Verkehrsknotenpunkt der Gegend. Hauptattraktion ist die 1991 fertig gestellte Helgelandsbrücke, die mit ihrer Länge von 1073 Metern und ihrer Höhe von 45 Metern als Meisterwerk der Ingenieurskunst gilt. Das Schiff

In Harstad liegen die Schiffe der beiden Routen gemeinsam im Hafen.

legt nach 30 Minuten ab und macht sich auf in den Alstfjord. Südöstlich der Stadt erhebt sich der geheimnisvolle siebengipfelige Gebirgsstock »die sieben Schwestern«, bei denen es sich der Sage nach um versteinerte Prinzessinnen handeln soll. Wir passieren die Insel Tjøtta im Osten, auf der 90 Grabhügel und zwölf Hausfundamente aus der Bronzezeit entdeckt wurden.

Südlich von Tjøtta geht es in das aus über 6000 Schären und Inseln bestehende Inselreich Vega. Aufgrund der landschaftlichen, botanischen und zoologischen Vielfalt der Insel ist das Gebiet für die Aufnahme in die World Heritage List der UNESCO vorgeschlagen worden. Das Schiff steuert nun auf Brønnøysund zu, einer 4500 Einwohner zählenden »Kleinstadt«, die in erster Linie vom Fischfang lebt. Um etwa 16 Uhr dockt das Schiff am Kai an, und pünktlich um 17 Uhr geht es schon wieder weiter. Das Schiff steuert langsam in die enge Fahrrinne und passiert die 550 Meter lange Brücke, die den schmalen Brønnøysund überspannt. Kurz nach der Brücke kommt im Westen der berühmte, 260 Meter hohe Berg Torghatten ins Blickfeld. Allein seine hutförmige Gestalt ist schon bemerkenswert. Er wartet jedoch mit einer weiteren, in ganz Norwegen bekannten Überraschung auf: Der Berg ist durchlöchert. Etwa 35 Meter hoch, 15 Meter breit und 170 Meter tief ist das riesige Loch. Der Kapitän des Hurtigruten-Schiffs macht extra einen kleinen Schlenker Richtung Westen, damit auch alle in den Genuss des »richtigen Durch-Blicks« kommen. Weiter geht es an der Mündung des Bindalfjordes vorbei. Bald überschreitet das Schiff die Grenze zwischen Nord- und Mittelnorwegen. Dann geht es an der Insel Leka vorüber, und wir gelangen in den Bereich der Vikna-Kommune, die aus einem Schärengarten mit mehr als 6000 Inseln besteht. Einer der Höhepunkte der Etappe ist die Fahrt durch den schmalen Nærøysund, der uns nach Rørvik leitet. Hier begrüßt uns am Kai das nach Norden fahrende Hurtigruten-Schiff. Trotz der späten Stunde (21 Uhr) lohnt sich ein kurzer Spaziergang vom Kai zum nahen Marktplatz. Hier sind mehrere alte Holzhäuser aus dem 19. Jahrhundert zu bewundern. Wenn noch etwas Zeit bleibt, dann ist ein Abstecher auf den an die Einkaufsstraße anschließenden Kirchenhügel zu empfehlen, von wo man einen schönen Blick auf den Ort genießt. Um 21.30 Uhr geht es weiter. Das Schiff gleitet unter der 700 Meter langen und 41 Meter hohen Hängebrücke hindurch, die das Inselreich Vikna mit dem Festland verbindet.

Elfter Tag: Trondheim – Ålesund

Um 6.30 Uhr dockt das Hurtiguten-Schiff am Kai von Trondheim an. Das Schiff liegt hier 3 Stunden im Hafen, so dass Zeit genug bleiben sollte, sich die Stadt ein wenig näher anzusehen. Auf die wichtigsten Sehenswürdigkeiten der Stadt sind wir am dritten Tag bereits eingegangen. Im Rahmen des Hurtigruten-Programms wird auf der Süd-Route eine Stadtrundfahrt angeboten, während der man bequem zu allen Sehenswürdigkeiten gefahren wird.

Pünktlich um 10 Uhr geht es wieder los. Fast sieben Stunden Fahrt stehen uns bevor. Das Schiff nimmt die Fahrt auf und steuert gen Westen in den Trondheimfjord. Linker Hand passieren wir den stillgelegten Leuchtturm von Agdenes und steuern mit Kurs Süd-West in die Trondheimfahrrinne. Rechts kommt die Insel Hitra ins Blickfeld. Mit 565 Quadratkilometern ist sie die siebtgrößte Insel des Landes. Im wald- und sumpfreichen Inselinneren lebt wahrscheinlich die dichteste Hirschpopulation Europas.

Die »Klippfisch-Stadt«

Nach Hitra passiert das Schiff die flache Insel Smøla und nach einem kurzen Stück über offenes Meer erreichen wir Kristiansund. Es ist 16.30 Uhr. Leider bleibt für die Stadt wieder nur eine halbe Stunde Zeit, wer länger bleiben will, muss auf das nächste Schiff warten. Kristiansund erstreckt sich über die drei Inseln Kirkelandet, Innlandet und Nordlandet, die durch Brücken miteinander verbunden sind. Der malerische, äußerst lebhafte Naturhafen gilt als der am besten geschützte Hafen in Norwegen. Die 17 000 Einwohner zählende Stadt verdankt ihren Wohlstand natürlich, wie so oft in Norwegen, dem Fisch. Zuerst war es Hering, dann Kabeljau, der aus dem Meer gezogen wurde. Bereits im 17. Jahrhundert begann man hier mit dem Trocknen von Klippfisch. Im Gegensatz zum Stockfisch wird der Klippfisch nicht auf Holzgestellen getrocknet, sondern auf felsige Klippen gelegt. Die umliegenden Klippen waren dafür bestens geeignet und so wurde Kristiansund zur »Klippfisch-Stadt«. Im Zweiten Weltkrieg wurde der alte Stadtkern fast vollständig zerstört. Nach dem Krieg ersetzte man die schönen, alten Holzhäuser durch moderne, zweckmäßige Bauten. Auch heute lebt die Stadt in erster Linie vom Fischfang und der Fischverarbeitung. Öl- und Gasfunde vor der nor-

Von der »Bakke bru« in Trondheim hat man einen schönen Blick.

wegischen Küste haben die traditionellen Erwerbszweige ein wenig in den Hintergrund gedrängt.

Die halbe Stunde Aufenthalt sollte man nutzen, um sich vor dem Abendessen am schönen Hafen noch einmal die Beine zu vertreten. Auf der Fahrt nach Süden wird von Kristiansund ein Landausflug angeboten, den man bei schönem Wetter unbedingt wahrnehmen sollte. Er führt von Kristiansund über die legendäre Atlantikstraße bis nach Molde, wo man wieder auf das Schiff steigt. Die 1989 eröffnete Atlantikstraße führt über viele Brücken und Dämme sowie mehrere kleine Inseln entlang der Hustadvika-Bucht. Von der Straße, die bei stürmischem Wetter schon mal im Atlantik versinken kann, ergeben sich traumhaft schöne Blicke auf den Schärengürtel der Hustadbucht sowie die Fischerinseln Bjørnsund und Ona. Ona gilt mit seinen schönen bunten Häuschen als das »Capri Norwegens«. Kurz vor Molde taucht wie ein Pfannkuchen die flache Insel Gossen auf. Dann ist Molde erreicht.

Aufgrund des für norwegische Verhältnisse milden Klimas hat Molde den Beinamen »Stadt der Rosen« bekommen. Die 22 000 Bewohner der Stadt leben hier am Fuße der spektakulären Romsdalsalpen in einer wahrlich traumhaften Umgebung (nähere Infos zu Molde siehe zweiter Tag). Um 21.30 Uhr heißt es »Leinen los« und das Schiff macht sich auf in den Moldefjord – das Panoramadeck ist voll, man kann sich von den zackigen, zerklüfteten Bergen der Romsdalsalpen nur schwer trennen. Das Schiff schwenkt nach Süden, und wir ge-

Blick auf Ålesund, der »Stadt des Jugendstil«.

nießen im Abendlicht die Aussicht auf die gewaltigen Bergmassive von Sunnmøre. Kurz vor Mitternacht läuft das Hurtigruten-Schiff im Hafen von Ålesund ein.

Zwölfter Tag: Ålesund – Bergen

Es ist so weit, der letzte Tag der Reise steht bevor. Nachts hat das Schiff Ålesund verlassen und in Torvik und Måløy angelegt. Um 7.45 Uhr fährt das Schiff in den letzten Hafen vor Bergen ein – Florø, das inmitten eines ausgedehnten Schärenarchipels gelegen ist. 10 000 Einwohner lebten hier bis vor gar nicht allzu langer Zeit vom Fischfang. Insbesondere die Heringsfischerei blühte. Heute setzt man dagegen auf Fischzucht und Fischfutterproduktion. Ihr enormes Wachstum verdankt die Stadt in erster Linie der Erdgas- und Erdölexploration. In unmittelbarer Nähe zur Stadt befindet sich das größte Offshore-Feld Norwegens. Florø dient dabei als Versorgungsbasis.

Um 8.15 Uhr ertönt das letzte Mal das Schiffshorn und schon legt das Schiff vom Kai ab. Es geht direkt Richtung Süden. Kurz vor der Mündung in den berühmten Sognefjord muss das Schiff mit dem engen Steinsund noch eine letzte gefährliche Stelle meistern, dann geht es ohne Probleme weiter. Dort wo der Steinsund endet, öffnet sich im Osten die Einfahrt in den Sognefjord, der als längster (204 km) und tiefster (1308 m) Fjord des Landes gilt. Das Schiff gleitet bald in den Øygarden, dessen Inseln und Schären die Wucht des Meeres abbremsen. Entlang der Insel Aksøy geht es dann nach Bergen. Um 14.30 Uhr ist Endstation. Nach zwölf Tagen und 2500 Seemeilen ist man wieder am Ausgangspunkt angekommen. Die »schönste Seereise der Welt« ist zu Ende. Wer sich bei der Hinfahrt noch nicht um Bergen »kümmern« konnte, dem sei dies jetzt wärmstens empfohlen. Die Stadt ist einfach zu schön, um sie »links liegen zu lassen«. Wehmütig steigen die meisten von Bord – mit der Gewissheit, irgendwann wiederzukommen!

Informationen zur Hurtigruten-Reise:
Norwegische Schifffahrtsagentur NSA
Kleine Johannisstraße 10, 20457 Hamburg
Tel. 0 40/37 69 30
Internet: www.hurtigruten.de
E-Mail: info@hurtigruten.de

REISEINFORMATIONEN VON A–Z

ANREISE

MIT DEM FLUGZEUG

Am leichtesten und schnellsten erreicht man Bergen mit dem Flugzeug. SAS fliegt (in Zusammenarbeit mit Lufthansa) täglich von zahlreichen deutschen Städten sowie von Wien und Zürich aus nach Bergen. In der Regel werden die Flüge über Oslo abgewickelt, so dass man einmal umsteigen muss.

MIT DER BAHN

Züge fahren via Hamburg, Kopenhagen und Göteborg nach Oslo und von dort aus weiter nach Bergen (weitere Infos unter www.bahn.de und www.scanrail.de).

MIT DEM BUS

Von den meisten großen Städten in Deutschland gibt es Bustouren nach Oslo. Von dort geht es weiter mit NOR-Way Busekspress nach Bergen (Info: www.nor-way.no).

MIT AUTO UND FÄHRE

Über Schweden: Die schnellste Strecke mit dem Auto führt von Puttgarden (Deutschland) mit Scandlines nach Rodby (Dänemark) und dann über die gebührenpflichtige Öresundbrücke nach Schweden (Info: www.scandlines.de). Von Malmö in Schweden geht es an Göteborg vorbei weiter auf der E 6 bis nach Oslo (Norwegen). In Oslo angekommen zweigt man auf die E 16 und später auf die E 7 nach Bergen ab. Die Fahrt von Oslo nach Bergen ist wunderschön. Einen vollen Tag sollte man für die 480 Kilometer lange Strecke unbedingt einplanen.

Weitere Möglichkeiten, von Deutschland nach Schweden zu kommen:

Rostock – Trelleborg (von Trelleborg wie oben beschrieben nach Oslo und weiter), Info: www.scandlines.de

Kiel – Göteborg (ab Göteborg mit dem Auto wie oben beschrieben),

Info: www.stenalines.de

Travemünde – Trelleborg (von Trelleborg wie beschrieben), Rostock – Trelleborg
Info: www.tt-line.de
Über Norwegen:
Wer sich die lange Fahrt nach Oslo ersparen will, der nimmt in Kiel die Direktfähre nach Oslo und ist mit Color Line in 20 Stunden vor Ort. Weitere Möglichkeiten, nach Norwegen zu gelangen, sind: Hirtshals/DK – Kristiansand/Norwegen, Hirtshals/DK – Oslo/Norwegen, Frederikshavn/DK – Larvik/Norwegen (Info: www.colorline.de).
Fjord Line bietet eine Verbindung von Hirtshals/DK über Egersund/Norwegen nach Bergen (Info: www.fjordline.de). Im jeweiligen Zielhafen angekommen geht es weiter nach Bergen.

Gerade hat die »Vesterålen« den Polarkreis überschritten.

ALKOHOL

Auf den Hurtigruten-Schiffen bekommt man Alkohol zwischen 6 Uhr morgens und 3 Uhr nachts. An Land kann man Alkohol in den staatlichen Alkoholläden kaufen. Für Bier und Wein muss man mindestens 18 Jahre alt sein, das Mindestalter für Spirituosen ist 20 Jahre. In Bars und Kneipen gibt es Alkohol, jedoch mit den oben aufgeführten Altersbeschränkungen.

»Lichtspiele« über der norwegischen Küste bei Maløy.

Mitternachtssonne über der Gisundbrücke auf der Insel Senja.

AUTO

Jedes Schiff hat zwischen 40 und 50 Autostellplätze (Ausnahme: »MS Lofoten« mit nur vier Plätzen). Wer sein Auto mitnehmen will, der muss unbedingt vorher reservieren.
Die Höchstgeschwindigkeit liegt bei 50 km/h in geschlossenen Ortschaften und 80 km/h außerhalb. Die Promillegrenze liegt bei 0,2. Auch tagsüber ist mit Abblendlicht zu fahren.
Mautpflicht herrscht in Norwegen meist vor großen Tunnels oder aufwändig hergestellten Brücken.

DIPLOMATISCHE VERTRETUNGEN

Botschaft der Bundesrepublik Deutschland: Oscarsgate 45, N-0244 Oslo; Tel. 23 27 44 00, www.deutschebotschaft.no
Botschaft der Republik Österreich: Thomas Heftyesgate 19–21, N-0244 Oslo, Tel. 22 55 23 48
Botschaft der Schweiz: Bygdøy Alle 78, N-0244 Oslo, Tel. 22 43 05 90

EINREISE

Für die Einreise nach Norwegen benötigt man einen gültigen Personalausweis. Wer mit dem Auto unterwegs ist, muss einen gültigen Führerschein vorweisen können.

FEIERTAGE

1. Januar
Gründonnerstag
Karfreitag
Ostermontag
1. Mai
17. Mai (Nationalfeiertag)
Christi Himmelfahrt
Pfingstmontag
25. und 26. Dezember

FOTOGRAFIEREN

Wer noch auf Film fotografiert, der sollte an genügend Filme denken. Die Filme sind in Norwegen sehr viel teurer als beispielsweise in Deutschland. Ob der jeweilige Lieblingsfilm dann auch wirklich erhältlich ist, ist ebenso fraglich. Wer digital fotografiert, der muss natürlich an genügend Speicher denken. Am besten, man nimmt gleich ein Laptop mit. Alle Kabinen sind natürlich mit Strom versorgt, so dass man am Abend in aller Ruhe seine Fotoausbeute auf die Festplatte speichern und seine Ergebnisse bewundern kann.

GELD

In Norwegen gilt die Norwegische Krone (NOK). Bargeld kann an Bord getauscht werden. Geldautomaten und Banken befinden sich in fast jedem Ort. Kreditkarten werden ebenfalls fast überall akzeptiert (auch an Bord)!

Mitternachtssonne über dem Toppsund auf den Vesterålen Inseln.

INFORMATION

Informationen speziell zur Hurtigruten-Reise erhält man bei der NSA Norwegische Schifffahrts-Agentur, Kleine Johannisstraße 10, D-20457 Hamburg, Tel. 0 40/37 69 30, www.hurtigruten.de
Allgemeine Informationen zu Norwegen erhält man beim Norwegischen Fremdenverkehrsamt, Postfach 11 33 17, D-20433 Hamburg, Tel. 01 80/5 00 15 48, www.visitnorway.com

MEDIZINISCHE VERSORGUNG

An Bord gibt es keinen Arzt, aber eine Krankenkabine und eine Erste-Hilfe-Ausstattung. An Land ist die medizinische Versorgung mit der unsrigen vergleichbar. Es empfiehlt sich, für die Reise eine private Auslands-Krankenversicherung abzuschließen.

MIETAUTO

Normale Pkws können in fast jeder größeren Stadt angemietet werden. Es empfiehlt sich das Mietauto schon von zu Hause zu buchen, da es dann in der Regel etwas günstiger ist. Die Preise sind hoch. So zahlt man häufig schon für die »Einsteiger-Klasse« bis zu 4000 NOK (etwa 500 Euro) pro Woche. Der nationale Führerschein ist ausreichend. Eine Kreditkarte ist sehr zu empfehlen, damit die gewünschte Kaution mit der Karte hinterlegt werden kann.

MITTERNACHTSSONNE

Nördlich des Polarkreises scheint die Sonne in den Sommermonaten wochenlang ununterbrochen. Je weiter man nach Norden kommt, desto länger wird die Phase des ununterbrochenen Sonnenscheins.
Bodø: 4.6.–8.7.
Lofoten: 28.5.–15.7.
Nordkap: 12.5.–31.7.
Tromsø: 20.5.–22.7.

Frühstücksbuffet auf der »Richard With«.

NOTRUF

Polizei: 112
Krankenwagen: 113
Feuerwehr: 110

ÖFFNUNGSZEITEN

Banken haben in der Regel von 8 bis 15.30 Uhr geöffnet. Geschäfte kennen keinen Ladenschluss. Supermärkte haben oft bis 20 Uhr geöffnet, am Sonntag ist meistens geschlossen.

RAUCHEN

Rauchen ist in den Kabinen sowie im Bord-Restaurant untersagt. Nur in speziell gekennzeichneten Bereichen sowie im Freien darf auf den Hurtigruten-Schiffen geraucht werden. In öffentlichen Transportmitteln und Gebäuden ist das Rauchen verboten. In Bars und Restaurants gibt es markierte Bereiche, in denen geraucht werden darf.

REISEWETTER

Das Wetter in Norwegen ist maritim. Es regnet also häufig, daher wetterfeste Kleidung nicht vergessen. Auch im Sommer kann es in nördlichen Gefilden empfindlich kalt werden, so dass auch eine Mütze zu empfehlen ist. Wer im Winter mit den Hurtigruten-Schiffen unterwegs ist, für den ist wärmste Winterkleidung selbstverständlich. Durch den warmen Golfstrom sinken die Temperaturen zwar nicht allzu tief ab, durch den kalten Fahrtwind sind die gefühlten Temperaturen jedoch sehr viel niedriger. Man sollte auch an warme Schuhe denken, meistens sind die Füße als Erstes kalt.

REISELEITER

Auf den Schiffen der Hurtigruten ist das ganze Jahr ein deutschsprachiger Reiseleiter an Bord.

SOUVENIRS

Auf den meisten Schiffen ist ein Souvenirshop vorhanden, der alles bietet, was das Touristen-Herz begehrt.

Die winterliche norwegische Küste – ein Ort zum Staunen.

STROM

Die Kabinen sind mit 220 Volt Wechselstrom-Steckdosen ausgestattet (wie in Deutschland).

TELEFON

Sämtliche Hurtigruten-Schiffe sind mit Münzfernsprechern ausgestattet. Auch in den Kabinen stehen Telefone zur Verfügung. Das Mobiltelefon funktioniert fast auf dem gesamten Streckenabschnitt zwischen Bergen und Kirkenes. Die Schiffe sind (leider) nicht mit einem Internet-Café ausgestattet.
Die Münzfernsprecher akzeptieren 1- und 5-NOK-Stücke, oft auch 10- und 20-NOK-Stücke. Telefonkarten gibt es zum Beispiel an Kiosken und Tankstellen zu kaufen.
Für Auslandsgespräche wählt man 00, die Vorwahl des jeweiligen Landes (Deutschland 49, Österreich 43, Schweiz 41), die Ortsvorwahl (z.B. 89 für München) und schließlich die jeweilige Rufnummer.

UNTERHALTUNG

Auf den Hurtigruten-Schiffen wird ganz bewusst auf ein Showprogramm verzichtet. Im Mittelpunkt der Reise soll die Landschaft, das Erleben und Genießen der Schiffsreise stehen. Auf manchen Schiffen der neueren Generation steht eine Bibliothek zur Verfügung.

UNTERKUNFT AN LAND

Hotels und Pensionen

Der Standard ist meist hoch, der Preis leider auch. In größeren Städten wie Bergen oder Oslo sind in den Sommermonaten 100–150 Euro für ein Doppelzimmer zu bezahlen.

Ferienhäuser

Ferienhütten gibt es fast überall in Norwegen. Sie bestehen aus Küche, Schlafzimmer, WC und Wohnzimmer. Die Preise

Im Frühjahr explodiert die Natur entlang der norwegischen Küste.

variieren je nach Ausstattung und Größe zwischen 2000 NOK und 15 000 NOK. Die Ferienhütte lohnt sich vor allem für Gruppen und Familien, da hier pro Kopf meistens weniger zu bezahlen ist als in einem Hotel.

Camping

Die meisten Campingplätze haben neben Stellplätzen für Zelt und Wohnmobile auch einige Holzhütten zu vermieten, die einfach eingerichtet, dafür aber recht günstig sind. Die Hütten kosten zwischen 200 und 800 NOK pro Nacht. Die Preise für Camping variieren zwischen 50 und 200 NOK pro Nacht. Viele Campingplätze liegen schön an Seen und Fjorden.

ZEIT

Norwegen hat die MEZ. Auch in Norwegen gilt die Sommerzeit.

Die Mitternachtssonne entfaltet ein sagenhaftes Lichtspiel.